頭に
メモリ

寝る前 **5** 分
暗記ブック

中学実技

改訂版

Gakken

もくじ

★ 技術・家庭

この本の特長と使い方

★ この本の特長

暗記に最も適した時間「寝る前」で，効率よく暗記！

　この本は，「寝る前の暗記が記憶の定着をうながす」というメソッドをもとにして，中学実技の重要なところだけを集めた参考書です。

　暗記に最適な時間を上手に活用して，実技の重要ポイントを効率よくおぼえましょう。

★ この本の使い方

　この本は，1項目2ページの構成になっていて，5分間で手軽に読めるようにまとめてあります。赤フィルターを使って，赤文字の要点をチェックしてみましょう。

① 1ページ目の「今夜おぼえること」では，その項目の重要ポイントを，ゴロ合わせや図解でわかりやすくまとめてあります。

② 2ページ目の「今夜のおさらい」では，1ページ目の内容をやさしい文章でくわしく説明しています。読み終えたら，「寝る前にもう一度」で重要ポイントをもう一度確認しましょう。

★ 今夜おぼえること

✧ 音の呼び方、「ハニホヘトイロ」は音名。
　　　　　　　　　　　　　　おんめい

音名は1音に1つずつついている名前。ピアノの真ん中の「ハ」の音を「ハ」（一点ハ）と呼ぶよ。
いってんは

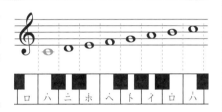

ロ　ハ　ニ　ホ　ヘ　ト　イ　ロ　ハ

☾ 音の呼び方、「ドレミファソラシ」は階名。
　　　　　　　　　　　　　　かいめい

階段状に並んだ音の高さを表すのが階名。調が変わると、「ド」の位置が移動するよ。

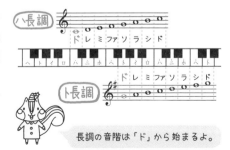

ハ長調
ド　レ　ミ　ファ　ソ　ラ　シ　ド
ヘ　ト　イ　ロ　ハ　ニ　ホ　ヘ　ト　イ　ロ　ハ　ニ　ホ　ヘ　ト

ト長調
ド　レ　ミ　ファ　ソ　ラ　シ　ド

「調」→ 9 ページ

長調の音階は「ド」から始まるよ。

✵「ハニホヘトイロ」という音の呼び方を 音名 と
いいます。1音に1つずつつく固有の呼び方で、
絶対的な音の高さを表します。

音名　ハ　ニ　ホ　ヘ　ト　イ　ロ

☾「ドレミファソラシ」という音の呼び方を 階名 と
いい、調によって「ド」の位置が移動します。
長調の主音（音階の最初の音）は「ド」なので、
ト長調は「ト」の音が「ド」になります。短調は主音
が「ラ」になるので、ホ短調は「ホ」が「ラ」になります。

※短調の7度の
音は♯をつける
ことが多い
（和声的短音階）。

✵音の呼び方、「ハニホヘトイロ」は音名。

☾音の呼び方、「ドレミファソラシ」は階名。

6

音楽

★ 今夜おぼえること

✰ 付点（．）がつくと，1.5倍の長さに！ ♩.＝♩＋♪

音符の長さは全音符（○）を，休符の長さは全休符（▬）を基準にしているよ。音符のたまの右横につく点が付点。付点音符はもとの音符の1.5倍の長さになるよ。

♩は○の4分の1だから，「4分音符」と呼ぶよ。

付点2分音符は2分音符の1.5倍の長さ。

3拍のばす

☽ 拍子記号，下は基準の音符，上は音符（拍）の個数を表す。

拍子記号は，おもに楽譜の最初に示すよ。

数学の分数とは違うものだけど読み方は同じ。

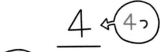

4つ

1小節に4分音符が

$$\frac{4}{4}$$

「4分の4拍子」と読む。

😊**音符**は音の高さや長さを，**休符**は音を出さない長さを表します。

音符	名前	休符	名前	長さの割合（全音符・全休符が基準）
o	全音符	━	全休符	▐ ▐ ▐ ▐ ▐
♩.	付点2分音符	━·	付点2分休符	▐ ▐ ▐ ▐
♩	2分音符	━	2分休符	▐ ▐ ▐ o（━）の$\frac{1}{2}$
♩.	付点4分音符	𝄽	付点4分休符	▐ ▐ ▐
♩	4分音符	𝄽	4分休符	▐ ▐ o（━）の$\frac{1}{4}$
♪	8分音符	𝄾	8分休符	▐ o（━）の$\frac{1}{8}$
♬	16分音符	𝄿	16分休符	▐ o（━）の$\frac{1}{16}$

また，ある音符の長さを 3 等分にした **3連符** もあります。

♪(4分音符)を
3等分

🌙その曲の基本のリズムを表すのが **拍子**。拍子記号の下の数は 1 拍と数える基準にする **音符** を，上の数は 1 小節に入る音符（拍）の **個数** を表します。

$\frac{2}{4}$ ←2こ
←4分音符が
$\frac{3}{4}$ ←3こ
←4分音符が
$\frac{4}{4}$ ←4こ
←4分音符が
$\frac{6}{8}$ ←6こ
←8分音符が

音符は上の表で確認しよう。

💤寝る前にもう一度

😊付点（.）がつくと，1.5倍の長さに！ ♩.＝♩＋♪

🌙拍子記号，下は基準の音符，上は音符（拍）の個数を表す。

★ 今夜おぼえること

音楽

✿明るい**長調**，♯（シャープ）も♭（フラット）もなしのハ，
♯1個のト，♭1個のヘ。

　長調の音階（音を階段状に並べたもの）は，
主音を「ド」として，ドから始まります。
主音が「ハ」の位置なら，「ハ長調」です。

☽暗い**短調**，♯も♭もなしのイ，
♭1個のニ，♭2個のト。

※半音上げることが多い，短調の音階の7度の音は（♯）で示している（和声的短音階）。

　短調の音階は，主音を「ラ」として，ラから始まりま
す。主音が「イ」の位置なら，「イ短調」です。

9

🌸その曲の中心となる音（主音）が何の音かを
表すのが「調」です。明るい感じの長調の主音は
「ド」です。

その曲が何調
かは，楽譜の
はじめに調号
で表すよ。

調号…𝄞や𝄢の右の♯や♭。

〈おもな長調の調号と主音〉

🌙暗い感じのする
短調の主音は「ラ」
です。

〈おもな短調の調号と主音〉

· 寝る前にもう一度 *·*·*·*·*·*·*·*·

🌸明るい長調，♯も♭もなしのハ，♯1個のト，♭1個のへ。

🌙暗い短調，♯も♭もなしのイ，♭1個のニ，♭2個のト。

10

★ 今夜おぼえること

あれ，速い！
（Allegro／アレグロ）

だあんだん ゆっくりに。
（Andante／アンダンテ）

ラルゴ	アンダンテ	モデラート	アレグレット	アレグロ
Largo	Andante	Moderato	Allegretto	Allegro
のろのろ…	てくてく	スタスタ		ダッシュ！

曲の速さは，♩＝80（1分間に♩〈4分音符〉を80打つ速さ）のように，具体的に数字で示すこともあるよ。

遅くてタルいな，あっちは
（rit.／リタルダンド）　　（accel.／アッチェレランド）

速くて，

テンポは
（a tempo／ア テンポ）

もとに。

のろのろ…

♩♪ ビューン

❋ 曲を演奏する速さは，ふつう楽譜の最初に書かれています。曲の速さは，おもにイタリア語の単語や，〈音符＝数字〉のような形で指示します。

〈速度に関する用語〉

Largo	ラルゴ	幅広く緩やかに
Adagio	アダージョ	緩やかに
Lento	レント	緩やかに
Andante	アンダンテ	ゆっくり歩くような速さで
Moderato	モデラート	中ぐらいの速さで
Allegretto	アレグレット	やや速く
Allegro	アレグロ	速く
Presto	プレスト	急速に
♩ = 60 〜 66		1分間に♩を60〜66打つ速さで

☽ 曲の途中で速度を変化させる場合は，下のような記号を使って指示します。

ritardando (rit.)	リタルダンド	だんだん遅く
accelerando (accel.)	アッチェレランド	だんだん速く
a tempo	ア テンポ	もとの速さで

accel. は，車の「アクセル」と同じ語源！

♫♬ 寝る前にもう一度

❋ あれ，速い！　だあんだん ゆっくりに。

☽ 遅くてタルいな，あっちは速くて，テンポはもとに。

12

音楽

★ 今夜おぼえること

☆☆ とっても弱い *pp*（ピアニッシモ）,
とっても強い *ff*（フォルティッシモ）。

ピアニッシモ		ピアノ		メッツ ピアノ		メッツ フォルテ		フォルテ		フォルティッシモ
pp	<	*p*	<	*mp*	<	*mf*	<	*f*	<	*ff*

ヒソヒソ…

> 音の強弱は上のように表すよ。
> 読み方も覚えておこうね。

☽ 「だんだん強く」はクレシェンド,
「だんだん弱く」はデクレシェンド。

だんだん強く　ドンドコ　　だんだん弱く　トントン

クレシェンド　　　　　デクレシェンド

13

✿ 音の強弱は、次のような記号を使って指示します。

〈音の強弱に関する記号〉

pp	ピアニッシモ	とても弱く
p	ピアノ	弱く
mp	メッゾ ピアノ	少し弱く
mf	メッゾ フォルテ	少し強く
f	フォルテ	強く
ff	フォルティッシモ	とても強く

☾ 音の強弱の変化は、次のような記号を使って指示します。また、演奏の仕方に関する記号もあわせて確認しましょう。

➤ cresc.	クレシェンド	だんだん強く
➤ decresc.	デクレシェンド	だんだん弱く
dim.	ディミヌエンド	だんだん弱く
legato	レガート	滑(なめ)らかに
♩	テヌート	その音の長さをじゅうぶんに保って
⌢	フェルマータ	その音符(休符)をほどよく延ばして

✿ とっても弱いpp、とっても強いff。
☾「だんだん強く」はクレシェンド、「だんだん弱く」はデクレシェンド。

★ 今夜おぼえること

音楽

✪ 「主人は冷たい土の中に」

作曲者フォスターはアメリカ出身。

S.C. フォスターは, 19世紀に
アメリカで生まれたよ。「おおス
ザンナ」「草競馬」などの作品も
有名。

▲ S. C. フォスター (1826 〜 1864)

☽ 「赤とんぼ」, 作詞は三木露風,

作曲は山田耕筰。

4分の3拍子の歌。
作曲者の山田耕筰は, 大正〜昭
和にかけて日本の音楽の発展に
努めたよ。

山田耕筰は
「荒城の月」
（17ページ）
の編曲もし
ているよ。

15

✦「主人は冷たい土の中に」の作曲者は フォスター で，アメリカ 出身です。4分の4 拍子の曲です。この曲は，主人の死を悲しむ人々の姿に感動して作曲されたといわれています。

武井君子 日本語詞／S.C.フォスター 作曲

あ　おくはれた　そら　しろい　くも

☽「赤とんぼ」の作詞者は 三木露風，作曲者は 山田耕筰 です。4分の3 拍子の曲。1番の歌詞の「負われて見た」は「背負われて見た」という意味。

三木露風 作詞／山田耕筰 作曲

ゆうや　けこやけーの　あかとん　ぼ

😴 寝る前にもう一度

✦「主人は冷たい土の中に」作曲者フォスターはアメリカ出身。

☽「赤とんぼ」，作詞は三木露風，作曲は山田耕筰。

音楽

★ 今夜おぼえること

✿「荒城の月」,作詞は土井晩翠,
作曲は滝廉太郎。

　4分の4拍子の歌。作曲者
は滝廉太郎。七五調や文語体
の歌詞も特徴のひとつ。

「花の宴」は
花見の宴会
という意味
だよ。

☾春のうららの「花」。作詞は
武島羽衣,作曲は滝廉太郎。

　4分の2拍子の合唱曲。東
京・隅田川の春の美しい様子
を歌ったものだよ。

同声二部合唱の
歌で,上声部と
下声部に分かれ
て歌うよ。

✿「荒城の月」の作詞者は　土井晩翠　，作曲者は　滝廉太郎　です。　4分の4　拍子の曲です。荒れた城跡を見ながら，かつて月明かりで花見の宴会をしていた人々などに思いをはせた内容です。1番の「千代の松が枝」は「古い松の枝」という意味。

土井晩翠 作詞／滝廉太郎 作曲

🌙「花」の作詞者は　武島羽衣　，作曲者は　滝廉太郎　です。　4分の2　拍子の曲。歌詞の「何にたとうべき」は「何にたとえればよいのだろうか」という意味です。

武島羽衣 作詞／滝廉太郎 作曲

💤 寝る前にもう一度

✿「荒城の月」，作詞は土井晩翠，作曲は滝廉太郎。
🌙春のうららの「花」。作詞は武島羽衣，作曲は滝廉太郎。

★ 今夜おぼえること

音楽

✿「夏の思い出」の作詞は 江間章子，作曲は中田喜直。

　美しい湿原地帯である，尾瀬の風景を描いた歌。　4分の4拍子。3度の音程のハーモニーが美しいよ。

☽「花の街」，作詞は江間章子，作曲は團伊玖磨。

　4分の2拍子の歌。第二次世界大戦が終わった2年後の1947年（昭和22年）に作られたよ。作詞者の思い描いた，美しく平和な「花の街」を歌ったよ。

戦争や平和についての作詞者の思いを感じ取ろう。

19

😊「夏の思い出」の作詞者は 江間章子 ，作曲者は 中田喜直 です。 4分の4 拍子，弱起（1拍め以外から始まる）の曲。尾瀬の美しい情景を懐かしく思い出すという内容です。

二長調 ♩=63ぐらい

江間章子 作詞／中田喜直 作曲

mp

4分の4拍子なつがくれば　おもいだす　　はるかなおぜ　とおいそら

左は4分音符（♩）を3等分した3連符。
1番の2回めの「咲いている」の部分に
出てくるよ。

🌙「花の街」の作詞者は 江間章子 ，作曲者は 團伊玖磨 です。 4分の2 拍子の曲です。

3番の「泣いていたよ　街の角で」は，戦争で苦しんだり悲しんだりしていた人々の姿を映したもの。

ヘ長調 ♩=72〜84

江間章子 作詞／團伊玖磨 作曲

mp

4分の2拍子な　な　い　ろ　のたに　を　　こ　え　て

😴 寝る前にもう一度

😊「夏の思い出」の作詞は江間章子，作曲は中田喜直。
🌙「花の街」，作詞は江間章子，作曲は團伊玖磨。

20

音楽

★ 今夜おぼえること

✪ 昔懐かし「浜辺の歌」。

作詞林古溪，作曲成田為三。

曲の構成は二部形式。
8分の6拍子の歌。朝，浜
辺を散歩すると，昔のこと
が思い出されるという内
容。

☽ 春待ち望む詩「早春賦」。

作詞吉丸一昌，作曲中田章。

二部形式，8分の6拍子
の歌。本格的な春が来るの
を待ちわびる気持ちを歌っ
ているよ。

😸「浜辺の歌」の作詞者は 林古溪 ，作曲者は 成田為三 です。 6分の8 拍子，弱起の曲です。冒頭の歌詞，「あしたはまべを」の「あした」は「朝」という意味です。

林古溪 作詞／成田為三 作曲

スラーは「高さの違う2つ以上の音符を滑らかに」。タイ（隣り合った同じ高さの音符をつなぎ，1つの音に）と区別しようね。

🌙「早春賦」の作詞者は 吉丸一昌 ，作曲者は 中田章 です。 6分の8 拍子，弱起の曲です。1番の「時にあらずと」は「まだその時ではないと」，2番の「角ぐむ」は「芽が出始める」という意味です。

吉丸一昌 作詞／中田章 作曲

・・・😴寝る前にもう一度・・・

😸昔懐かし「浜辺の歌」。作詞林古溪，作曲成田為三。

🌙春待ち望む詩「早春賦」。作詞吉丸一昌，作曲中田章。

音楽

★今夜おぼえること

✪月夜に船出，「サンタ ルチア」
はカンツォーネ。

　日本では，イタリアの大
衆歌で特にナポリ風の歌を
カンツォーネと呼ぶよ。サ
ンタ ルチア（聖ルチア）
はナポリの船乗りたちの守
り神で，港の名前にもなっ
ている。

☾「帰れソレントへ」は主音が
同じ短調と長調が使われる。

　短調の曲だけど，途中で
同じ主音（ハ音）の長調に。

ソレントを去った
恋人に，戻って！
と歌っているんだ。

23

🎵「サンタ ルチア」は, カンツォーネ と呼ばれるイタリア・ナポリの民謡です。調は 変ロ長調, 8分の3 拍子の曲です。月の美しい夜に船出をする様子を歌っています。

ナポリ民謡／小松清 日本語詞

変ロ長調 ♩=96〜104

反復記号
→最初に戻れ

8分の3拍子 さら に しろき つきの ひかり なみを ふーく そよか ぜよ

ナチュラルは「もとの高さで」, フェルマータ（⌢）は「その音符（休符）をほどよく延ばして」という意味。

🌙「帰れソレントへ」は E. デクルティス 作曲のカンツォーネ。曲の途中で, 主音 （ハ音）が同じ短調から長調に変わります（同主調）。

美龍明子 日本語詞／E. デクルティス 作曲

ハ短調 Moderato ＝中ぐらいの速さで

4分の3拍子 うるわしの ソレント うなばらはる かに ゆうもやたな

リタルダンド（だんだん遅く） rit. ア テンポ（もとの速さで）a tempo

びき おもいでさそ うー オレンジのか おり

⇒ハ長調

🎵 月夜に船出, 「サンタ ルチア」はカンツォーネ。

🌙「帰れソレントへ」は主音が同じ短調と長調が使われる。

音楽

★ 今夜おぼえること

ゴロ合わせ ビバ，イタリア！ 小鳥たちが
（ヴィヴァルディ）

春を歌で歓迎。

「春」の作曲者ヴィヴァルディ
はイタリア生まれ。
　「春」はソネットという形式の
詩の内容を表現したものだよ。

▲ヴィヴァルディ（1678 〜 1741）

☽「春」は弦楽器＋チェンバロの

ヴァイオリン協奏曲。

「春」はヴァイオリンの
独奏とその他の弦楽器と通
奏低音（チェンバロが多い）
で演奏されるよ。協奏曲は
コンチェルトともいうよ。

✿「春」は，(イタリア) の (ヴィヴァルディ) が作曲しました。曲集「和声と創意の試み」第1集「四季」の中の1曲です。「四季」は「春」「夏」「秋」「冬」の4曲からなり，みな3楽章から構成されています。(ソネット) と呼ばれる14行の形式の詩の内容を表現しています。

Allegro

▲「春が来た」という詩の部分を音楽で表した部分。

🌙(協奏曲) とは，メインの独奏楽器と，その他の複数の楽器との合奏曲のこと。「四季」は (ヴァイオリン) の独奏とその他の弦楽器などで演奏されます。(チェンバロ) が通奏低音としてよく使われます。

弦楽合奏の配置例▼

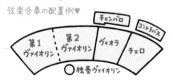

テオルボという弦楽器が加わることもあるよ。

💤 寝る前にもう一度

✿ ビバ，イタリア！ 小鳥たちが春を歌で歓迎。
🌙「春」は弦楽器＋チェンバロのヴァイオリン協奏曲。

26

音楽

★ 今夜おぼえること

✿「フーガ ト短調」の作曲者は ドイツの J. S. バッハ。

「フーガ ト短調」を作った J. S. バッハはドイツ生まれ。バロック音楽の代表的作曲家。数多くの曲を作曲し，「音楽の父」と呼ばれるよ。

▲ J. S. バッハ (1685 ～ 1750)

☽「フーガ ト短調」はパイプ オルガンの独奏曲。

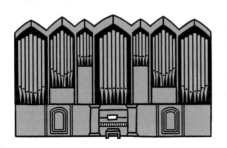

重厚な音色が特徴のパイプオルガンは大小さまざまなパイプに空気を送って音を出す鍵盤楽器。

😺「フーガ ト短調」は，ドイツ の作曲家 J.S. バッハ によって作られました。フーガは音楽の形式のひとつで，はじめに出てきたメロディー（主題）を追いかけるように複数のパート（声部）が重なり合っていくのが特徴です。

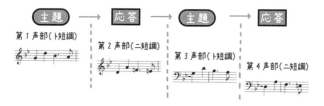

| 主題 | → | 応答 | → | 主題 | → | 応答 |

第1声部（ト短調） 第2声部（ニ短調） 第3声部（ト短調） 第4声部（ニ短調）

「小フーガ」とも呼ばれる，「フーガ ト短調」は４つの声部から構成。フーガの主題の調を変えてまねるように演奏され，主題に対応して現れる部分を「応答」というよ。

🌙「フーガ ト短調」の演奏形態は，パイプオルガン による独奏です。パイプオルガンはパイプに空気を送って音を出す鍵盤楽器。手鍵盤と足鍵盤で演奏します。

💤寝る前にもう一度
😺「フーガ ト短調」の作曲者はドイツの J. S. バッハ。
🌙「フーガ ト短調」はパイプオルガンの独奏曲。

音楽

★ 今夜おぼえること

✪ ジャジャジャジャーン！の

「交響曲第 5 番 ハ短調」。
こうきょうきょく

ドイツのベートーヴェンが作曲。

「交響曲第 5 番 ハ短調」を作った
ベートーヴェンはドイツ生まれ。古
典派からロマン派の時代にかけて活
躍したよ。

L.v. ベートーヴェン (1770 〜 1827) ▶

☽「交響曲第 5 番 ハ短調」は

管弦楽(オーケストラ)で演奏。
かんげんがく

管弦楽の楽器配置例▶

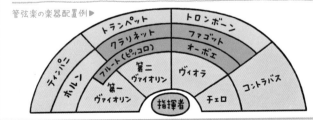

29

♬「交響曲第 5 番 ハ短調」は, ドイツ の作曲家 ベートーヴェン が作りました。交響曲とは, ふつう 4 つの楽章からなる 管弦楽 曲です。「交響曲第 5 番」は 4 楽章からなり, 第 1 楽章は ソナタ 形式。第 1 楽章の出だしの動機（曲を構成する最も短いまとまり）が有名です。

〈ソナタ形式とは〉
提示部（主題を示す）
　↓
展開部（主題が変化）
　↓
再現部（また現れる）
　↓
コーダ　（しめくくり）

〈提示部　第 1 主題に出てくる動機〉

Allegro con brio
ff　　　←これが動機

☾ 交響曲は, 管弦楽 （オーケストラ）によって演奏される曲です。木管楽器, 金管楽器, 弦楽器, 打楽器で構成されます。

木管楽器…	フルート, クラリネットなど
金管楽器…	トランペット, ホルンなど
弦楽器…	ヴァイオリン, チェロ, ハープなど
打楽器…	ティンパニ, シンバルなど

楽器も確認！

⋯😴寝る前にもう一度⋯

♬ ジャジャジャジャーン！の「交響曲第 5 番 ハ短調」。ドイツのベートーヴェンが作曲。

☾「交響曲第 5 番 ハ短調」は管弦楽（オーケストラ）で演奏。

音楽

★ 今夜おぼえること

✿お父さん，こわい!!の「魔王」。作曲はオーストリアのシューベルト。

　シューベルトはオーストリア生まれ。ロマン派の作曲家。「魔王」はシューベルトが18歳のときの作品。

F. P. シューベルト (1797 ～ 1828) ▶

☽「魔王」はピアノ伴奏つきの独唱曲。1人4役。

4回出てくる子の旋律はだんだん高くなり，おびえの高まりを表す

語り手（状況説明）

子をなだめ，馬を走らせる　父

魔王におびえる　子

子を誘いかける　魔王

☆「魔王」は，オーストリア の シューベルト が作曲したドイツ語の歌曲（リート）で，ドイツの文学者 ゲーテ の詩に曲をつけたものです。

J.w.v. ゲーテ（1749〜1832）▶

☽「魔王」はピアノの伴奏にあわせて，1人で歌います（独唱）。1人の歌手が語り手，父，子，魔王を歌い分けます。子の旋律で，徐々に高くなっていく部分はおびえの高まりを表しています。また，魔王は，はじめは優しく子を誘いますが，最後は本性を表して激しい歌い方になります。

速く（♩=152）〈原調はト短調〉

ピアノ伴奏の上段の3連符は，馬が走る様子を表すよ。

★お父さん，こわい‼の「魔王」。作曲はオーストリアのシューベルト。

☽「魔王」はピアノ伴奏つきの独唱曲。1人4役。

音楽

★ 今夜おぼえること

✦ オペラ「アイーダ」はイタリア のヴェルディ作曲。

ヴェルディはイタリア生まれだよ。ロマン派の作曲家なんだ。「アイーダ」は第2幕第2場の「凱旋(がいせん)行進曲」が有名。

サッカーの応援歌としてもよく歌われるよね。

▲ G. ヴェルディ (1813 ~ 1901)

☽ 「アイーダ」は全4幕、 舞台は古代エジプト。

オペラは，歌手が役を演じるよ。主人公のアイーダは，女声の高音パートであるソプラノが演じるんだ。

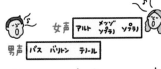

| 女声 | アルト | メッゾ ソプラノ | ソプラノ |
| 男声 | バス | バリトン | テノール |

低 ← 音域 → 高

★今夜のおさらい

✪「アイーダ」は，(イタリア)の(ヴェルディ)が作曲したオペラです。オペラは，歌を中心に物語が進んでいく音楽劇です。

▲第2幕第2場「凱旋行進曲」のトランペットのパート

🌙「アイーダ」は，(4)幕で構成され，(古代エジプト)が舞台です。主人公アイーダは(ソプラノ)が演じます。エジプトの将軍ラダメスと敵国エチオピア王女アイーダとの悲恋を描いた物語です。

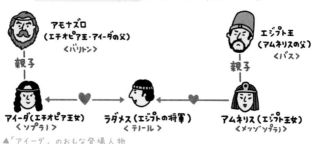

アモナズロ
(エチオピア王・アイーダの父)
〈バリトン〉

親子

エジプト王
(アムネリスの父)
〈バス〉

親子

アイーダ(エチオピア王女)
〈ソプラノ〉

ラダメス(エジプトの将軍)
〈テノール〉

アムネリス(エジプト王女)
〈メッゾ・ソプラノ〉

▲「アイーダ」のおもな登場人物

😴寝る前にもう一度
✪オペラ「アイーダ」はイタリアのヴェルディ作曲。
🌙「アイーダ」は全4幕，舞台は古代エジプト。

★ 今夜おぼえること

音楽

☆国思うチェコのスメタナは
「ブルタバ（モルダウ）」を作曲。

　スメタナは現在のチェコ生まれ。国民楽派の作曲家だよ。19世紀のチェコはオーストリアの支配下にあり，独立を目指していた。スメタナはこの願いを音楽に託したよ。

▲ B. スメタナ（1824 ～ 1884）

☽ブルタバの主題→輝きながら
川幅を増す様子をヴァイオリン
で表現。

（ブルタバの主題）…ブルタバを表す旋律「光輝きながら川幅を増す」

🌠「ブルタバ（モルダウ）」は，チェコを代表する作曲家スメタナによって作られ，連作交響詩（物語や情景を管弦楽で表現する音楽）「我が祖国」全6曲の中の第2曲です。ブルタバはチェコを流れる川の名前で，ドイツ語ではモルダウと呼ばれます。

🌙「ブルタバ」では，標題（曲の説明）で示した内容を，さまざまな楽器で表現しています。

ブルタバの2つの源流	フルート，クラリネット
主題（ブルタバを表す旋律）	ヴァイオリン，オーボエ
森の狩猟	ホルン
月の光，水の精の踊り	フルート，ヴァイオリン

2つの源流をフルート（上）とクラリネット（下）で表現している

💤 寝る前にもう一度
🌠 国思うチェコのスメタナは「ブルタバ（モルダウ）」を作曲。
🌙 ブルタバの主題→輝きながら川幅を増す様子をヴァイオリンで表現。

音楽

★ 今夜おぼえること

☆長唄（ながうた）「勧進帳（かんじんちょう）」の作曲者は四世杵屋六三郎（きねやろくさぶろう）。

歌舞伎（かぶき）は江戸（えど）時代に発展した，音楽・舞踊・演技などが一体となった総合芸術。「勧進帳」は，歌舞伎の演目のひとつだよ。

▲武蔵坊弁慶（むさしぼうべんけい）

ゴロ合わせ 長唄（ながうた）を 林で 歌って くしゃみ。
（囃子）　（唄）　　（三味線）

長唄は，歌舞伎の音楽として発展した三味線（しゃみせん）音楽のひとつ。長唄は，唄方（うたかた）・三味線方（しゃみせんかた）・囃子方（はやしかた）によって演奏されるよ。

唄

三味線

囃子
太鼓　大鼓　小鼓　笛

37

❀「勧進帳」は，江戸時代に発展した，歌舞伎の演目のひとつ。長唄「勧進帳」は四世杵屋六三郎が作曲しました。

兄から追われた源義経が武蔵坊弁慶らとともに奥州平泉へ向かう途中，安宅の関での出来事を描いた物語です。

▲富樫　▲弁慶　▲義経

☽歌舞伎は，江戸時代初めの「かぶき踊」が起源といわれます。歌舞伎で演奏される音楽には，長唄や義太夫節のような三味線音楽，演出のための下座音楽などがあります。長唄で使う三味線は細棹という種類です。囃子を構成する楽器は，笛（能管），小鼓，大鼓，太鼓です。

弦は3本

ばちで弾く

▲三味線

💤 寝る前にもう一度

❀長唄「勧進帳」の作曲者は四世杵屋六三郎。

☽長唄を林で歌ってくしゃみ。

音楽

★ 今夜おぼえること

✿✿ アジア各地からの

伝来音楽＋日本古来の音楽
→雅楽

　雅楽は，器楽演奏の管絃，舞踊が主の舞楽などに演奏形態が分けられるよ。今のような形に整ったのは10世紀ごろで，宮中や寺院などで演奏されてきたよ。

🌙「越天楽」は竜笛からスタート！
主旋律は篳篥の担当。

　雅楽では，管楽器が旋律を演奏。箏は楽箏，琵琶は楽琵琶ともいうよ。

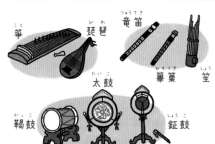

箏　琵琶　竜笛　篳篥　笙　太鼓　鞨鼓　鉦鼓

管絃で使われる楽器 ▶

❉ 雅楽（ががく）は5〜9世紀ごろにアジア各地から伝来した音楽や，日本古来の儀式用の音楽などが，10世紀ごろに現在の形に整えられたものです。

10世紀ごろというと，平安時代だね。

🌙「越天楽」（えてんらく）は，雅楽の管絃（かんげん）（舞を伴わない器楽の演奏）の代表的な曲。曲は竜笛（りゅうてき）から始まり，ほかの楽器が順に加わっていきます。旋律は篳篥（ひちりき）が演奏し，鞨鼓（かっこ）が速度を決めるなど，指揮者の役目をします。

| ① 竜笛（りゅうてき） |
| ② 打楽器〈鞨鼓（かっこ）・鉦鼓（しょうこ）・太鼓（たいこ）〉 |
| ③ 笙（しょう） |
| ④ 篳篥（ひちりき） |
| ⑤ 琵琶（びわ） |
| ⑥ 箏（こと） |

▲「越天楽」の楽器の参加順序

日本の伝統音楽に見られる，演奏が進むにつれてテンポが速くなる構成を序破急（じょはきゅう）というよ。

💤 寝る前にもう一度

❉ アジア各地からの伝来音楽＋日本古来の音楽→雅楽

🌙「越天楽」は竜笛からスタート！ 主旋律は篳篥の担当。

40

音楽

★ 今夜おぼえること

✪ 能→観阿弥・世阿弥親子によって，室町時代に発展。

能は，謡と呼ばれる声楽によって物語が進行する。囃子方が伴奏を担当するよ。

☽ 文楽の音楽，太夫熱唱！ 義太夫節。

文楽は，江戸時代に発展した日本の伝統的な人形芝居。

義太夫節は太夫の語りと三味線の演奏による音楽で，三味線の伴奏にあわせて太夫がせりふや心情，場面の様子を語っていくよ。

人形遣い

太夫　　　三味線

★ 今夜のおさらい

🌼 能は，室町時代に観阿弥・世阿弥親子によって基礎がつくられました。音楽と舞踊，演劇が組み合わさった日本の伝統的な歌舞劇です。

〈能の音楽〉

謡（声楽）	シテやワキ（演者）…せりふや歌 地謡…情景や主人公の心理
囃子（伴奏）	笛（能管），小鼓，大鼓，太鼓：間を支える

🌙 文楽（人形浄瑠璃）は，江戸時代に発展した日本の伝統的な人形芝居です。竹本義太夫が始めた，太夫と三味線による音楽を義太夫節といい，それにあわせて人形を動かします。

〈義太夫節〉

太夫	人物のせりふ，心情，場面描写を１人で語り分ける。
三味線	人物の心情や場面を表現。三味線は太棹を使用。

三味線は，棹の太さの違う太棹，中棹，細棹の３種類。太棹は棹が太く，胴も大きいよ。

💤 寝る前にもう一度

🌼 能→観阿弥・世阿弥親子によって，室町時代に発展。

🌙 文楽の音楽，太夫熱唱！ 義太夫節。

音楽

★ 今夜おぼえること

✿ 箏の独奏曲「六段の調」は（伝）八橋検校作曲。

八橋検校は，平調子という
調弦や，段物（歌の入らない
器楽曲の形式）など，現在の
箏曲の基礎をつくった人だよ。

◀ 箏

☽「巣鶴鈴慕」は，尺八の独奏曲。

尺八は，日本古来の竹製
の縦笛。「巣鶴鈴慕」は鶴
の親子の情愛や別れを表現
した曲といわれているよ。

◀ 尺八

43

😺「六段の調」は，｛箏｝の独奏曲（箏曲 そうきょく）。
作曲者として伝えられている｛八橋検校｝は｛平調子｝
という調弦などを作った人です。「六段の調」は，
｛段物｝（歌の入らない器楽曲）という形式で，6つ
の段から成ります。各段の長さは原則104拍 はくで
すが，初段にはそれに加えて，4拍の導入部が
あります。また，**段が進むにつれて速度が増す**
｛序破急 じょはきゅう｝という変化も見られます。

〈「六段の調」に見られる奏法〉

柱

▲引き色

▲後押し

引き色	左手で弦をつまんで柱の方に引いて，音高を下げる。
後押し	左手で弦を押して，音高を上げる。

🌙「巣鶴鈴慕」は，｛尺八｝の独奏曲（尺八楽）で，
「鶴の巣籠 つるのすごもり」とも呼ばれます。尺八は，あごの
使い方，息づかい，指の操作によって，独特の
音色や表現が生まれます。

💤寝る前にもう一度

😺箏の独奏曲「六段の調」は（伝）八橋検校作曲。

🌙「巣鶴鈴慕」は，尺八の独奏曲。

美術

★今夜おぼえること

✦スケッチは, 描(えが)こうとするものの 形や色を大まかに表現。

スケッチでは, 細かい部分まで描(か)き込む必要はないよ。作品の下絵やアイデアをまとめるために, 大まかに描こう。

☽水彩(すいさい)絵の具は, 水の分量や筆の 使い方を工夫する。

〈水彩絵の具〉　　〈アクリル絵の具〉

水彩絵の具を
使って描いた
絵を水彩画と
いうよ。

水彩絵の具は, 乾(かわ)いてから別の色を重ねると, その部分の色が混ざり合って見える。

アクリル絵の具は, 乾くと色を重ねても下の絵の具と混ざらない。

★今夜のおさらい

☆ 短時間で描こうとするものの**形や色**などを[大まかに]表現するのが[スケッチ]です。おもに単色で描き、線や明暗の調子などで表現したものは[デッサン]といいます。**形や質感**などを[細かく]表現します。

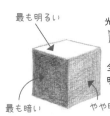

最も明るい

光

全体を、大きく3つの明暗の段階に分ける。

最も暗い

やや明るい

立方体でデッサンのポイントを説明するよ。

● 水彩絵の具は、水の量を[多め]にすると色がうすくなり、[少なめ]にすると濃くなります。

〈混色〉

パレットの上でいくつかの色を混ぜる。

〈重色〉

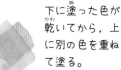

下に塗った色が乾いてから、上に別の色を重ねて塗る。

広い部分を均等に塗るときは[平筆]を、線を描くときなどは[丸筆]を使うとよい。

寝る前にもう一度

☆ スケッチは、描こうとするものの形や色を大まかに表現。
● 水彩絵の具は、水の分量や筆の使い方を工夫する。

★ 今夜おぼえること

✿奥行きは，空気遠近法，線遠近法(透視図法)で表現。

〈空気遠近法〉

遠くのものは，淡くぼんやりと。

近くのものは，濃くはっきりと。

〈線遠近法 (透視図法)〉

美術

☽人体の比率は頭の大きさを基準にする。

正中線

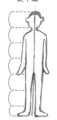

正中線は，正面(背面)を向いた状態で，中心を通る線のことだよ。

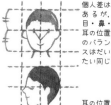

個人差はあるが，目・鼻・耳の位置のバランスはだいたい同じ

耳の位置は真ん中より後ろ

✿ 立体感や距離感を出し、奥行きのある空間を表現するときは、遠近法（えんきんほう）を使います。

空気遠近法は、遠く のものは淡く（あわ）ぼんやりと、近く のものは濃くはっきりと描く（えが）方法です。

線遠近法（透視図法）（とうし）は、線 の方向で空間を表現する方法です。

「モナ・リザ」も空気遠近法が使われているよ。

☾ 人体の比率は 頭 の大きさを基準にします。人体をとらえるときは、いろいろな 角度 から観察し、バランス を考えて描きましょう。

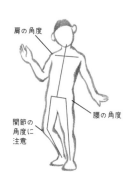

肩の角度

腰の角度

関節の角度に注意

··· 💤 寝る前にもう一度 ···

✿ 奥行きは、空気遠近法、線遠近法（透視図法）で表現。

☾ 人体の比率は頭の大きさを基準にする。

★ 今夜おぼえること

⭐**ゴロ合わせ** 水墨画（すいぼくが）とはぼうきをもって，
(破墨法) (没骨法)

せきに座（すわ）る。
(積墨法)

羽箒（はぼうき）

水墨画

美術

水墨画の技法には，破墨法，没骨法，積墨法などがあるよ。

🌙 漫画（まんが）は，コマ割りや構図，効果音

などの文字の書き方を工夫して表現。

漫画では，登場人物の気持ちを伝えたり，印象的な場面にしたりするために，コマ割りや構図，文字の書き方などを工夫して表現しているよ。

49

❀水墨画では，墨のかすれやぼかし，にじみなどの効果を使って表現します。

①破墨法…濃さの違う墨を重ねて，立体感などを出す。

②没骨法…輪郭を描かずに，濃淡だけで表す。

③積墨法…乾いた墨の上から重ねて描いて，重厚感などを出す。

☽漫画特有の表現には，コマ割りや構図，効果線や効果音を手描きするなどの工夫があります。

平安時代の終わりごろからつくられはじめた絵巻物は，絵や文で物語を伝える絵画形式の1つ。絵巻物の表現は現代の漫画と共通するものもあります。

残像を線で描き，動いていることを表現する方法は絵巻物でも使われているよ。

💤 寝る前にもう一度

❀水墨画とはぼうきをもって，せきに座る。

☽漫画は，コマ割りや構図,効果音などの文字の書き方を工夫して表現。

美術

★ 今夜おぼえること

☆★ ゴロ合わせ へー，こんな凹凸，いつ
（平版）（孔版）（凹版）（凸版）
のまに？

版画は，版の形式によって，平版・孔版・凸版・凹版の4種類に分けられるよ。

🌙 ゴロ合わせ マル，サンカク，平らに
切り出す彫刻刀。

（丸刀）（三角刀）（平刀）（切り出し刀）

😊版画は1つの版で 同じ 作品が何枚もつくれます。

① 凸版…広い面による
表現。

例 木版画, 紙版画など。

② 凹版…細密な表現。

例 ドライポイント, エッチングなど。

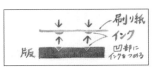

③ 孔版…仕上がりが
鮮明。

例 シルクスクリーン, ステンシルなど。

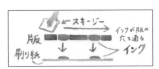

④ 平版…油性の描画
材料で描いた絵を,
そのまま表せる。

例 リトグラフなど。

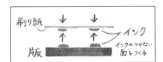

🌙木版画は, 彫刻刀 で彫って版をつくります。

→やわらかい線。　→鋭く細い線。　→ぼかし, 広い部分の彫り下げ。　→輪郭線や鋭い線。

😊へー, こんな凹凸, いつのまに?

🌙マル, サンカク, 平らに切り出す彫刻刀。

52

美術

★ 今夜おぼえること

☆ 土粘土（ねんど）を練（ね）るときは，中の空気（ね）を抜いて，質を均一に。

〈菊練（さくね）り〉
手首を使って押（お）し，菊の花びらのような形になるように練（こ）り込むよ。

回転方向

粘土が固いときは水を加えよう。

🌙 人体像，心棒（しんぼう）つくって，粘土で肉づけ。

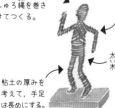

針金などに麻（あさ）ひもやしゅろ縄（なわ）を巻（ま）きつけてつくる。

腕（うで）の関節などは，丸みがついてしまわないように，きちんと曲げる。

太いところには，木片（もくへん）などを入れる。

粘土の厚みを考えて，手足は長めにする。

心棒は，粘土の重さで形がゆがまないようにするためのもの。心棒を使わずにつくることもあるよ。

53

❀ 粘土には，土粘土（水粘土），油粘土，紙粘土，加工粘土などの種類があります。土粘土の場合，中の 空気 を抜いて質を 均一 にするために，よく練ってから使います。固さは 耳たぶ くらいにすると扱いやすいです。固い場合には，水 を少し加えて練り，固さを調整します。

〈粘土で作品をつくるときに使うおもな用具〉

つげべら
（へら）　　　　　かきべら
（かき取りべら）　粘土板

☽ 粘土で，手，頭，人体などの像をつくるときは，ポーズに合わせて 針金 などで心棒をつくります。心棒には，粘土のつきをよくするために，麻ひもやしゅろ縄を巻きつけておきます。

❀ 土粘土を練るときは，中の空気を抜いて，質を均一に。
☽ 人体像，心棒つくって，粘土で肉づけ。

54

美術

★今夜おぼえること

☆ 色料の三原色はY・M・C。

〈色料（絵の具など）〉

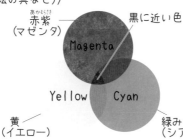

赤紫（マゼンタ） Magenta
黒に近い色
Yellow
Cyan
黄（イエロー）
緑みの青（シアン）

基本となる3つの色（三原色）を混ぜ合わせると，どんな色でもつくれるよ。

☽ 色光の三原色はR・B・G。

〈色光（光）〉

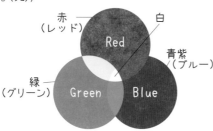

赤（レッド） Red
白
青紫（ブルー）
緑（グリーン） Green
Blue

✿ 色を混ぜてもつくることのできない色のことを三原色（さんげんしょく）といいます。三原色は，色料（しきりょう）と色光（しきこう）で色が異なります。

色料の三原色はY：イエロー（黄）・M：マゼンタ（赤紫（あかむらさき））・C：シアン（緑みの青）です。

色料では，混ぜる色の数が増えるほど 暗く なり，黒に近づいていきます。これを 減法（げんぽう）混色（こんしょく）といいます。

☽ 色光の三原色はR：レッド（赤）・B：ブルー（青紫）・G：グリーン（緑）です。

色光では，光を重ね合わせるほど 明るく なり，白に近づいていきます。これを 加法（かほう）混色といいます。

> 絵の具や印刷のインクなどは色料で，テレビやコンピューターのディスプレイなどは色光だね。

・ᶻᶻᶻ寝る前にもう一度・ᶻᶻᶻ
- ✿ 色料の三原色はY（イエロー）・M（マゼンタ）・C（シアン）。
- ☽ 色光の三原色はR（レッド）・B（ブルー）・G（グリーン）。

★ 今夜おぼえること

ゴロ合わせ 色は，妻 子とめいが決める。
　　　　　　（彩度）（色相）（明度）

色の三属性
（三要素）は，
色相，明度，
彩度の 3 つ。

美術

🌙 **色は無彩色と有彩色に分けられる。**

白・黒・灰色などの色みのない色を無彩色といい，無彩
色以外の色みのある色を有彩色というよ。

無彩色

白　　黒

灰色

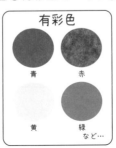

有彩色

青　　赤

黄　　緑
　　　など…

白，黒，灰色
以外は全部有
彩色だよ。

✿ 色には, 色相, 明度, 彩度という 3 つの性質
があり, これを色の 三属性 (三要素) といいます。

・ 色相 …赤・青・黄など, 色みや色合いのこと。

・ 明度 …明るさの度合いのこと。

・ 彩度 …鮮やかさの度合いのこと。

☽ 色は 無彩色 (白・黒・灰色) と 有彩色 (白・
黒・灰色以外の色みのある色) に分けられます。

・ 無彩色 …明度はあるが, 色相や彩度はない。

・ 有彩色 …明度, 彩度, 色相をもつ。

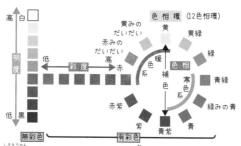

※色相環…色相の近い色の順に並べた環。

※補色…色相環で向かい合う位置にある2つの色の関係のこと。

✿ 色は, 妻 子とめいが決める。

☽ 色は, 無彩色と有彩色に分けられる。

★ 今夜おぼえること

☆🎵**赤い暖炉の前で，青い寒天**
_{（暖色）} _{（寒色）}

を食べる。

美術

赤は暖かい
感じ，青は
寒い感じが
するね。

🌙**補色どうしは強く刺激的，**

似た色どうしは落ち着いた印象。

〈補色〉　　　　　〈似た色〉

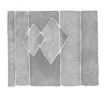 

同じ絵でも，
印象がずいぶ
ん違うね。

✿ 赤や赤み・黄みのだいだいなど，暖かい感じのする色のことを 暖色 といい，青や青緑など，寒い感じのする色のことを 寒色 といいます。色はさまざまな印象を人に与えます。

明度が高いと軽く見え，明度が低いと重く見えます。また，となり合う色によって違う色に見えることがあります。これを 色の対比 といいます。

〈色相対比〉　　　　〈明度対比〉　　　　〈彩度対比〉

背景の色が違うと，違う色に見える。

背景が明るいと暗く，暗いと明るく見える。

背景の彩度が高いと鈍く，低いと鮮やかに見える。

☽ 色を組み合わせることを 配色 といいます。色の組み合わせによって，与える印象が変わります。

〈同一の色相〉　　　〈類似の色相〉　　　〈補色の色相〉

統一感が出やすくまとまりがある。

色みに共通性があり，落ち着いている。

お互いの色が目立ち，強く刺激的。

〈ペールトーン〉　　〈ダルトーン〉　　　〈ビビッドトーン〉

高明度の色どうし…明るく軽い。

低彩度の色どうし…地味。

高彩度の色どうし…派手で強い。

※トーン…色の調子のこと。

💤 寝る前にもう一度

✿ 赤い暖炉の前で，青い寒天を食べる。
☽ 補色どうしは強く刺激的，似た色どうしは落ち着いた印象。

★ 今夜おぼえること

✪ 永は明朝体,永はゴシック体。

ポスターなどは,見てわかりやすいことが大切。情報を
視覚的に伝えるデザインを,視覚伝達デザインというよ。
ポスターでは,文字の工夫も大切だよ。

〈レタリング（文字のデザイン）の手順〉

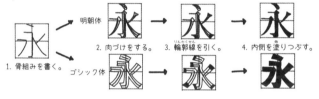

明朝体
永 → 永 → 永
1. 骨組みを書く。　2. 肉づけをする。　3. 輪郭線を引く。　4. 内側を塗りつぶす。

ゴシック体
永 → 永 → 永

☽ ひと目見て,パッとわかる,

ピクトグラム（絵文字）。

公共施設の案内板や交通標
識では,絵文字（ピクトグ
ラム）がよく使われている
よ。

切符が買える
場所だとすぐ
にわかるね。

美術

✿ ポスターやマークなど，視覚伝達 デザインでは，伝える内容を明確にすること，見てわかりやすい表現を工夫することが大切です。

・ポスターの制作手順

① テーマ（主題）の決定。

② デザインの決定。

…アイデア スケッチ を描いて構想を練る。イラストやコピー（キャッチコピー）（効果的に伝える短い文）を考え，レイアウト（構成）を工夫する。

③ 下絵を作成する。

④ 配色 を考えて，色を塗る。

☽ 言葉や文字がわからなくても，見ただけで 情報 を伝えることができる 絵文字 のことを，ピクトグラム といいます。

単純な形や色でわかりやすく伝えることを考えよう。

᠁ 🛏 寝る前にもう一度 ᠁

✿ 永は明朝体，**永**はゴシック体。

☽ ひと目見て，パッとわかる，ピクトグラム（絵文字）。

★ 今夜おぼえること

✿ みな安心，だれでも使える，ユニバーサルデザイン。

美術

シャンプーの容器にはギザギザがついていて，コンディショナーと区別できる。

洗濯物の出し入れがしやすいななめドラム式洗濯機。

段差を小さくし，乗り降りしやすいノンステップバス。

右ききの人も左ききの人も使えるはさみ。

使う人の立場になって，デザインされているよ。

☽ メッセージやイメージをわかりやすく伝えるシンボルマーク。

← 東京都のマーク。Tokyo（東京）の頭文字Tをデザイン化したもの。東京都の躍動，繁栄，潤い，安らぎを表している。

← 横浜市のき章。ヨコハマのハマの2文字をデザイン化したもの。

← 鳥取県の県章。鳥取県の頭文字「と」を飛ぶ鳥の姿に図案化したもの。自由と平和，県の明日への進展を表している。

人の印象に残る工夫をすることが大切だよ。

❂ **工業的につくられる製品**のためのデザインを、⌈工業⌋デザイン（プロダクトデザイン）といいます。

〈工業デザインの例〉

機能性や生産性が重視されるよ。

自動車　　　　電化製品　　　　家具 など

性別や⌈年齢⌋，障がいの有無などにかかわらず，**だれもが安心して使える**ことを目指したデザインのことを⌈ユニバーサルデザイン⌋といいます。

☾ イベントや大会などの，**イメージやメッセージをわかりやすく伝える**ために，形や色でデザインしたマークを⌈シンボルマーク⌋といいます。

〈シンボルマークの発想のしかた〉

①表現したい内容をスケッチにおこしてみる。

②イメージを単純化してみる。

③文字をデザイン化してみる。

❂みな安心，だれでも使える，ユニバーサルデザイン。

☾メッセージやイメージをわかりやすく伝えるシンボルマーク。

★ 今夜おぼえること

✿消失点が 1 つ→一点透視図法。

透視図法は, 消失点の数や位置により, 図法が変わるよ。
〈一点透視図〉

1つの点(消失点)に向かって線を集め, その線に沿ってものがしだいに小さくなるように描く図法。ものを正面から見た形を描くときはこの図法を使うといいよ。

☽消失点が 2 つ→二点透視図法。

〈二点透視図〉

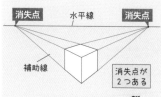

2つの点に向かって線を集め, その線に沿ってものがしだいに小さくなるように描く図法。ものを斜めの位置から見て描くときは, この図法を使うといいよ。

水平線の両端に 2 つ, 縦方向にもう 1 つの消失点をもつ図法もあるよ。三点透視図法というよ。

美術

65

✿一点透視図は次のように描きます。

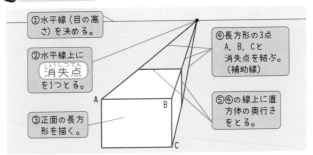

①水平線（目の高さ）を決める。

②水平線上に 消失点 を1つとる。

③正面の長方形を描く。

④長方形の3点A, B, Cと消失点を結ぶ。（補助線）

⑤④の線上に直方体の奥行きをとる。

◗二点透視図は次のように描きます。

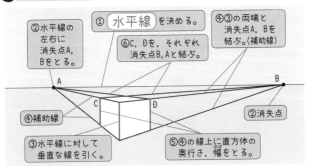

①水平線を決める。

②水平線の左右に消失点A, Bをとる。

⑥C, Dを, それぞれ消失点B, Aと結ぶ。

③③の両端と消失点A, Bを結ぶ。（補助線）

④補助線

②消失点

③水平線に対して垂直な線を引く。

⑤④の線上に直方体の奥行き, 幅をとる。

·⸱②②寝る前にもう一度·⸱·⸱

✿消失点が1つなら一点透視図法。

◗消失点が2つなら二点透視図法。

★ 今夜おぼえること

☆焼き物の<u>成形技法</u>（せいけい）には，粘土（ねんど）

のひもを積み上げるひもづくり，

板でつくる板づくりなどがある。

美術

粘土の厚みを均一にすることがポイントだよ。

〈ひもづくり〉

〈板づくり〉

切り糸

↓

横から見た図

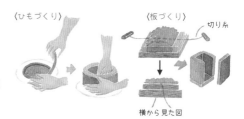

☽焼く前は，しっかり乾燥（かんそう）。

作品に水分が残っていると，焼いたときこわれてしまう原因になるので，焼く前には十分に乾燥させるよ。

🌑 成形の技法には，次のようなものもあります。

・ 手びねり …粘土のかたまりから，手と指で直接形をつくる。

手びねり

・ ろくろづくり …粘土のかたまりをろくろにのせ，回転する力で円筒状に引き伸ばして形をつくる。

ろくろづくり

※ろくろ…回転台のこと。電気や手・足で回す。

🌙 焼き物はおおむね次のような手順で制作します。

① 土練り…粘土の 空気 を抜いて密度を均一にする。

② 成形… 形 をつくる。厚みを均一にする。

③ 乾燥 …焼くときにひびが入らないように，風のない日陰でゆっくり 乾燥 させる。

④ 素焼き…700〜900℃程度で焼く。

⑤ 施釉…色やつやをつけるために 釉薬 をかける。

施釉

⑥ 焼成 (本焼き)…1200〜1300℃程度で焼く。

💤 寝る前にもう一度

🌑 焼き物の成形技法には，粘土のひもを積み上げるひもづくり，板でつくる板づくりなどがある。

🌙 焼く前は，しっかり乾燥。

★ 今夜おぼえること

✿木のおもな加工方法は, 切る, 削る, 彫る。

〈両刃のこぎり〉 〈電動糸のこ盤〉 〈小刀〉 〈彫刻刀〉

のこぎりと電動糸のこ盤は木を切るときに, 小刀は削るときに, 彫刻刀は模様を彫るときに使うよ。

☽木が削りやすいのは, 木目に逆らわない順目。

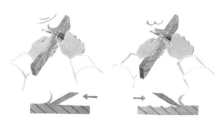

順目　　　　逆目

順目と逆目に注意しよう。

美術

69

❊両刃のこぎりでは，木目に沿って切るときは 縦引き の刃を，木目に対して直角に切るときは 横引き の刃を使います。
電動糸のこ盤では，刃は**手前に向けて下向き**にします。

縦引きの刃　横引きの刃

❶木には木目があり，木目の流れる方向を 順目，木目とは逆の方向を 逆目 といいます。逆目に削ると，表面

があらくなるので，やすりをかけてなめらかにします。
作品を模様で飾るときは，**彫刻刀**で模様を彫ります。

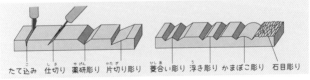

たて込み　仕切り　薬研彫り　片切り彫り　　菱合い彫り　浮き彫り　かまぼこ彫り　石目彫り

⋯⋯(ZZ)寝る前にもう一度⋯⋯
❊木のおもな加工方法は，切る，削る，彫る。
❶木が削りやすいのは，木目に逆らわない順目。

★ 今夜おぼえること

✿写真では, 撮影する角度, 光の 向き, 構図を工夫して表現。

順光

被写体に, 正面から光が当たっている。形や色がはっきりする。

逆光

被写体に, 背後から光が当たっている。やわらかい雰囲気が出せるが, 被写体が暗くなりがち。

サイド光

被写体に, 横から光が当たっている。陰が強く出やすく, 明暗がはっきりする。

☾映像がぶれないようにするには, 三脚でカメラを固定。

撮影するときは, 撮影機器の扱い方を知っておこう。

タブレットPCは両手で持とう。

美術

★ 今夜のおさらい

✺写真を撮影するときは, カメラ の特性を生かして表現することが大切です。シャッターを切る速度が 遅い とぶれて写り, 速い と動いているものが止まっているように写ります。

プライバシーや肖像権などに配慮が必要だよ。

☽映像作品を制作するときは, コマ割りや構図 などを工夫することが大切。

① 企画…テーマ, 全体の構成, 登場人物, 撮影場所, 役割分担を決める。内容が決まったら, 台本 や 絵コンテ を作成する。

② 撮影…機材を用意し, 台本に沿って, 場面 ごとに撮影する。

③ 編集… コンピューター を使って編集する。

（ピクスタ）

絵コンテとは, 全体の流れがわかるようにした指示書。絵の横に, セリフや動きなどの細かい指示を書いておく。

映像を使った表現にはいろいろあり, 建物やものなどの表面に映像を映し出す技術のことを プロジェクションマッピング といいます。

💤 寝る前にもう一度

✺写真では, 撮影する角度, 光の向き, 構図を工夫して表現。

☽映像がぶれないようにするには, 三脚でカメラを固定。

☐ 月 日
☐ 月 日

美術

★ 今夜おぼえること

ゴロ合わせ ジョーは縄(なわ)にドキッ,
（縄文土器） （縄目模様）

ヤヨイは機械にドキッ。
（弥生土器） （幾何学模様）

縄目模様(なわめ)があるのが
縄文土器(じょうもん)で,薄手(うすで)で
丈夫(じょうぶ),幾何学模様(きかがく)が
あるのが弥生土器(やよい)だ
よ。

☽飛鳥時代(あすか)に仏教が伝わり,

仏像など仏教美術が広まる。

〈釈迦三尊像(しゃかさんぞんぞう)〉（法隆寺(ほうりゅうじ)）

中央が釈迦如来像(にょらい)だよ。

〈玉虫厨子(たまむしのずし)〉（法隆寺）

（法隆寺）

仏像を安置した箱だよ。

飛鳥時代の美
術は,中国,
朝鮮半島(ちょうせん)など
の影響(えいきょう)が大き
いよ。

✿ 縄文時代から古墳時代の美術の特色は，生活に密着していて，素朴で力強いことです。

縄文時代には 縄文 土器や 土偶 ，弥生時代には 弥生 土器や銅鐸，古墳時代には古墳のくずれ止めや飾りとして 埴輪 がつくられました。

縄文土器　　　　土偶　　　　弥生土器　　　埴輪

☽ 飛鳥時代に仏教が伝来し，仏像 がつくられるようになりました。

（平等院）

（薬師寺）

〈仏像の種類〉
・如来…悟りを開いた姿。
　阿弥陀如来坐像（写真上／平等院）
・菩薩…悟りを開くために修行している姿。
　聖観世音菩薩像（写真下／薬師寺）
・明王…仏の教えを人々に伝え，悪をこらしめる。
　不動明王坐像（教王護国寺）
・天部…仏教を守る神様。
　十二神将立像（新薬師寺）

✿ ジョーは縄にドキッ，ヤヨイは機械にドキッ。
☽ 飛鳥時代に仏教が伝わり，仏像など仏教美術が広まる。

美術

★今夜おぼえること

✪室町時代に水墨画が大成。

江戸時代は浮世絵が流行。

〈秋冬山水図・
秋景図
（雪舟等楊）〉

(ColBase)

〈冨嶽三十六景
「神奈川沖浪裏」
（葛飾北斎）〉

(個人蔵)

☽明治以降，西洋美術が流入。

洋画家に，「湖畔」の黒田清輝，

「鮭」の高橋由一など。

〈湖畔（黒田清輝）〉

(東京国立博物館／提供：東京文化財研究所)

〈鮭
（高橋由一）〉

(東京藝術大学／DNPartcom)

✿墨の濃淡で対象を表現するのが 水墨画 です。
禅宗の影響を受けた 室町時代 に発展しました。
江戸時代 は町人文化が発展し、
庶民的な 風俗画 の 浮世絵 が流行
しました。

(ColBase)

・役者絵… 東洲斎写楽

・風景画… 葛飾北斎、歌川広重

・美人画… 喜多川歌麿

▲三世大谷鬼次の
奴江戸兵衛
（東洲斎写楽）

☽明治時代以降、 油絵 技法の研究が進み、 洋画
が多く描かれるようになります。明治時代の洋画家に
は黒田清輝や高橋由一、大正
から昭和にかけては「麗子微
笑」の 岸田劉生 や「海」の古
賀春江などがいます。

この時代の日本画家には、「群青
富士」の 横山大観 などがいます。

▲麗子微笑（岸田劉生）
(ColBase)

ᶻᶻ寝る前にもう一度

✿室町時代に水墨画が大成。江戸時代は浮世絵が流行。

☽明治以降、西洋美術が流入。洋画家に、「湖畔」の黒田清輝、
「鮭」の高橋由一など。

□　月　日
□　月　日

美術

★ 今夜おぼえること

☆旧石器時代，ラスコーやアルタミラの洞窟壁画が描かれた。

〈ラスコー洞窟の壁画〉

動物がいきいきと描かれているね。

🌙ゴロ合わせ レ，ミ，ファで再生，ルネサンス。

レ：レオナルド・ダ・ヴィンチ
ミ：ミケランジェロ　ファ：ラファエロ

三大巨匠が活躍したよ。

😊旧石器時代に描かれた 洞窟壁画 は，狩猟生活の人々が豊猟を願い洞窟の 壁 に 動物 の絵を描いたものとされています。

・ ラスコー 洞窟の壁画(フランス)
・ アルタミラ 洞窟の壁画(スペイン)

🌙ルネサンスは，「 再生 ・復活」という意味で，イタリアを中心に起こりました。 ギリシャ ・ローマ時代の学問や芸術の学び直し，人間の 自然 の美の追求， 写実的 な表現などに特色があります。

・ レオナルド・ダ・ヴィンチ …モナ・リザ，最後の晩餐
・ ミケランジェロ …最後の審判，ダヴィデ像
・ ラファエロ …小椅子の聖母，美しき女庭師

◀モナ・リザ
(レオナルド・
ダ・ヴィンチ)

(Erich Lessing／PPS通信社)

◀美しき女庭師
(ラファエロ)

(ルーヴル美術館)

💤寝る前にもう一度

😊旧石器時代，ラスコーやアルタミラの洞窟壁画が描かれた。
🌙レ，ミ，ファで再生，ルネサンス。

★ 今夜おぼえること

☆ ゴロ合わせ **印象的なド ルのも のまね。**
　（ドガ）（ルノワール）（モネ）（マネ）

印象派の代表的な画家を覚えよう。

美術

🌙 **戦争への怒りを込めた「ゲルニカ」は、ピカソの代表作。**

「ゲルニカ」はスペインの都市の名前だよ。

〈ゲルニカ（ピカソ）〉　(Cynet Photo)

🌸 明るい色彩の表現が「印象」派の絵の特色です。

・ドガ…エトワール
・ルノワール…ムーラン・ド・ラ・ギャレットの舞踏会
・モネ…睡蓮，印象―日の出
・マネ…草上の昼食，笛を吹く少年

19世紀後半，日本の浮世絵や着物，工芸品がヨーロッパで大流行しました。この現象を「ジャポニスム」と呼びます。「タンギー爺さんの肖像」「ひまわり」などの作品を描いた「ゴッホ」や，モネなどもその影響を受けました。

(Bridgeman Images ／ PPS 通信社)

▲タンギー爺さんの肖像
（ゴッホ）背景に浮世絵が描かれている。

🌙 現代の絵画は，手法などが多様化しています。

キュビスム（立体派）	ピカソ	ゲルニカ
	ブラック	ギターを持つ男
フォービスム（野獣派）	マティス	ダンスⅡ
シュルレアリスム（超現実主義）	ダリ	記憶の固執
	マグリット	白紙委任状

ピカソは立体派の創始者。

💤 寝る前にもう一度

🌸 印象的なドガルのモネのまね。
🌙 戦争への怒りを込めた「ゲルニカ」は，ピカソの代表作。

★ 今夜おぼえること

✿体ほぐしの運動…気付き，交流

気付き
（その場で）

気付き
（移動しながら）

交流

☽体の動きを高める運動…

スト，ドリ，ジャ，エア

（ストレッチング）（ドリブル）（ジャンプ）（エアロビクス）

保体

✿体つくり運動には，心身への 気付き （その場で，あるいは移動しながら），仲間との 交流 をねらいとする 体ほぐし の運動があります。

まず，ウォーミングアップとして，体ほぐしの運動を行おう。

◗体つくり運動には， 目的 に合わせて行う 体の動きを高める 運動があります。目的とそれに合った運動には，以下があります。

・体の柔らかさを高める運動
　例 静的または動的 ストレッチング
・巧みな動きを高める運動
　例 ボール運動（ ドリブル ），リズムステップ，縄運動（スキップ跳び）
・力強い動きを高める運動
　例 ジャンプ系運動（大の字 ジャンプ ），メディシンボール投げ
・動きを持続する能力を高める運動
　例 エアロビクス ，ジョギング，サーキットコース

全ての体力要素に合うものとしては，球技や武道があるよ。

💤寝る前にもう一度

✿体ほぐしの運動…気付き，交流
◗体の動きを高める運動…スト，ドリ，ジャ，エア

★ 今夜おぼえること

☆後転 → 開 → 伸 → 倒立
　　　　かい　　しん　　とうりつ
　　　　（開脚後転）（伸膝後転）（後転倒立）
　　　　　かいきゃく　　しんしつ

●マット運動

後転グループ!!

〈後転〉　　〈開脚後転〉　　〈伸膝後転〉　　〈後転倒立〉

☾鉄棒…順手, 逆手, 片逆手
　　　　　じゅんて　さかて　かたさかて

●鉄棒運動

〈順手〉　　　〈逆手〉　　　〈片逆手〉

保体

😸 マット運動の技の一つに，[後転]があります。後転グループの技として，[開脚]後転，[伸膝]後転，後転[倒立]があります。

・後転…かかとに近い所に腰を下ろす。
・開脚後転…足が頭を越えるときに[足]を開く。
・伸膝後転…[膝]を伸ばして前屈し，[両足]をそろえて立ち上がる。
・後転倒立…後転しながら腰を伸ばし，倒立する。

> 前転には，開脚前転，伸膝前転のほか，倒立前転や倒立伸膝前転，跳び伸膝前転などがあるよ。

🌙 鉄棒の握り方には，[順手]，[逆手]，[片逆手]があります。技ごとに握り方が違います。

・順手　例 前方（後方）支持回転，後方ももかけ回転
・逆手　例 前方膝かけ回転，前方ももかけ回転
・片逆手　例 踏み越し下り，支持跳び越し下り

> 鉄棒運動には，回転する支持系とぶら下がる懸垂系の技があるよ。

💤 寝る前にもう一度
😸 後転→開→伸→倒立
🌙 鉄棒…順手，逆手，片逆手

★ 今夜おぼえること

✿両足ターン→片足ターン

● 平均台運動

〈両足ターン〉　　　　〈片足ターン〉

両足ターン→片足ターンの
順に学習するよ。

☾ 手をつく位置は, 前方に!

● 跳び箱運動

前方に!!

切り返し系の技の場合

保体

😊 平均台運動の技には, 方向を変える ターン のほか, 歩いたり走ったりする 歩走, ジャンプする 跳躍, 静止する ポーズ があります。

歩走（前方歩）

ポーズ（V字バランス）

跳躍（開脚跳び）

🌙 跳び箱運動の切り返し系の技では, 跳び箱の 前方 に着手します。一方, 回転系の技では跳び箱の 手前 に着手することもあるので, 注意しましょう。

・切り返し系の技　例 開脚 跳び, かかえ込み跳び, 屈身跳び

・回転系の技　例 頭はね 跳び, 前方倒立回転跳び

技の種類によって, 跳び箱に
着手する位置が違うんだね。

😴 寝る前にもう一度

😊 両足ターン→片足ターン

🌙 手をつく位置は, 前方に！

★ 今夜おぼえること

✿テークオーバーゾーンで，

バトンパス

● リレー

☽インターバルは，リズムよく

1，2，3！

● ハードル走

保体

★今夜のおさらい

🌸リレーのバトンパスは， テークオーバーゾーン で
行います。

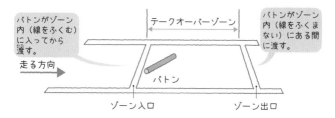

バトンがゾーン内（線をふくむ）に入ってから渡す。

走る方向

テークオーバーゾーン

バトンがゾーン内（線をふくまない）にある間に渡す。

バトン

ゾーン入口　　　　　ゾーン出口

🌙ハードル走では， インターバル （ハードル間）
はリズムよく 3 歩で走るのが一般的です。踏み切
りから着地までの一連の動作を， ハードリング
といいます。

【ハードルを越す練習】

膝から下を
振り出す。

振り上げ脚

横から
回すように。

抜き脚

🌙💤寝る前にもう一度

🌸テークオーバーゾーンで，バトンパス

🌙インターバルは，リズムよく 1，2，3！

88

★ 今夜おぼえること

✿幅跳び…かがみ，そり，はさみ！

●走り幅跳び

〈かがみ跳び〉 〈そり跳び〉 〈はさみ跳び〉

保体

☽高跳び…はさみ，背面！

●走り高跳び

〈はさみ跳び〉   〈背面跳び〉

89

😺走り幅跳びには，腕を前方に振りながら上体を前に倒す かがみ跳び と，胸を大きくそらす そり跳び ，空中を走るように両脚を1回交差させる はさみ跳び があります。

【1回の無効試技（失敗）になる場合の例】

踏み切り板

砂場

踏み切り線

砂場

踏み切り線の先に体の一部が触れたとき

踏み切り板の外側で踏み切ったとき

この他，宙返りのようなフォームで跳んだときも無効試技となるよ。

🌙走り高跳びには，大きなはさみ動作でバーをまたぐ はさみ跳び と，肩→ 背中 →腰の順に仰向けの状態でバーを越える 背面跳び があります。

【1回の無効試技（失敗）になる場合】

・バーを落としたとき。

・両足で踏み切ったとき。

・バーを越える前に，バーの助走路側の垂直面から先の地面や着地場所に触れ，有利になったと判断されたとき。

💤寝る前にもう一度

😺幅跳び…かがみ，そり，はさみ！

🌙高跳び…はさみ，背面！

★ 今夜おぼえること

✪(個人) バタ → 背 → 平 → 自,

(リレー) 背 → 平 → バタ → 自

〈個人メドレー〉　　　　〈メドレーリレー〉

バタフライ　　背泳ぎ
平泳ぎ　　自由形

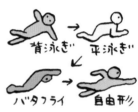

背泳ぎ　　平泳ぎ
バタフライ　　自由形

🌙 平 と バタ は, 両手でタッチ

（平泳ぎ）（バタフライ）

両手で
タッチ!!

保体

91

✿個人メドレーでは，バタフライ→背泳ぎ→平泳ぎ→自由形，メドレーリレーでは，背泳ぎ→平泳ぎ→バタフライ→自由形の順に泳ぎます。

☽ターンのとき，平泳ぎとバタフライは，壁面に両手でタッチします。自由形と背泳ぎは体の一部でタッチします。

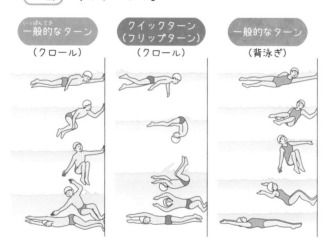

一般的なターン （クロール）	クイックターン （フリップターン） （クロール）	一般的なターン （背泳ぎ）

★ 今夜おぼえること

✪ 基本の技術, チェ・ショ・イン!

（チェストパス）（ショルダーパス）（インサイドキック）

●バスケットボール　●ハンドボール　●サッカー

チェストパス　**ショ**ルダーパス　**イン**サイドキック

☾ 試合再開はスローイン!

●バスケットボール　●ハンドボール　●サッカー

保体

93

🌼 基本的なパスやキックを覚えましょう。

- バスケットボール… チェストパス

  胸の前から押し出すようにしてパス。

- ハンドボール… ショルダーパス

  肘を上げ，上体と腕を使ってパス。

- サッカー… インサイド キック

  足の内側で，ボールを押し出すようにキック。

🌙 次のようなときは相手チームの スローイン で試合が再開されます。

- バスケットボール 例 一部のファウルや バイオレーション

  （ファウルを除く全ての違反）をしたときなど。

- ハンドボール 例 ボールが サイドライン からコート外に

  出たときなど。

- サッカー 例 ボールが タッチライン を越えて完全に外に出た

  ときや，スローイン時

  に不正投入したとき。

サッカーのスローインは，両手で，頭の後方から頭上を通してボールを投げるよ。

・・・🌼 寝る前にもう一度

🌼 基本の技術，チェ・ショ・イン！

🌙 試合再開はスローイン！

94

★ 今夜おぼえること

☆反則は, 触れるタッチネットや越えるオーバーネット

● バレーボール

ネット付近のプレイに関する反則

〈タッチネット〉

〈オーバーネット〉

保体

☾ラケットの持ち方は, シェークハンドとペンホルダー

● 卓球

〈シェークハンド〉

固く握らない

〈ペンホルダー〉

深く固く握りすぎない

ラケットの形も違うよ。

95

♣バレーボールで，ネット付近のプレイに関する反則には，両アンテナ間のネットや白帯，白帯より上のアンテナに触れる[タッチネット]や，相手コート上にあるボールに，ネットを越えて触れる[オーバーネット]などがあります。

オーバーネットは，ブロックの場合は除くよ。

☽卓球のラケットの持ち方には，[シェークハンド]グリップと，[ペンホルダー]グリップがあります。

【卓球の打法の例】

・[ショート]…バウンドしたボールが最高点に達する前に軽く打ち返す打法。
・[スマッシュ]…浮いてきたボールを強打する打法。
・[ドライブ]…ボールに上向きの回転（ドライブ）をかけながら打つ。

シェークハンドでは，フォアとバックでラケットの両面を使い分けるよ。それに対して，ペンホルダーでは普通，どちらも表面で打つよ。

⋯⋯😴寝る前にもう一度⋯⋯
♣反則は，触れるタッチネットや越えるオーバーネット
☽ラケットの持ち方は，シェークハンドとペンホルダー

★今夜おぼえること

⭐😺⦅ゴロ合わせ⦆打法は，オー・アンとグラ
（オーバーヘッド）（アンダーハンド）（グラウンド）

タタ！

あん

グラタン

バドミントンはオーバーヘッドストロークとアンダーハンドストローク，ソフトテニスはグラウンドストロークが基本の打ち方だよ。

保体

🌙バドとテニスはスマッシュ高く！

●バドミントン　　●ソフトテニス

😊 それぞれ，基本的な打法を覚えましょう。

・バドミントン

例 オーバーヘッド ストローク…高い位置で打つ。
アンダーハンド ストローク…低い位置で打つ。

・ソフトテニス

例 グラウンド ストローク…バウンド後のボールを打つ。

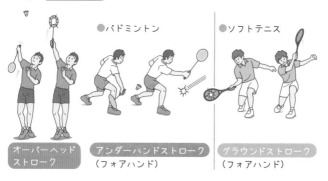

●バドミントン　　　　●ソフトテニス

オーバーヘッド
ストローク

アンダーハンドストローク
（フォアハンド）

グラウンドストローク
（フォアハンド）

🌙 バドミントン・ソフトテニスとも，スマッシュ は
できるだけ高い打点でとらえて打ちます。

★ 今夜おぼえること

☆☆ ⓰ ウインとスリリング
〈ウインドミル〉〈スリングショット〉

うんとスリリング
キャ〜

> どちらも,
> ソフトボー
> ルに特有の
> 投げ方だ
> よ。

保体

🌙 内はフェア, 外はファウル

〈フェア〉 〈ファウル〉

ファウルライン

打ったボールが, ファウルラインの外に落ちて外で止まったら
ファウル。ファウルラインの内に落ちて内で止まったり, 内に落
ちた後に外野のファウルラインから外に出たりしたら**フェア**だよ。

😺 投手のピッチングには， ウインドミル モーション
と， スリングショット モーションがあります。

・ウインドミル…スピードが出やすい。
・スリングショット…打者のタイミングを外しやすい。

ウインドミル
モーション

腕を風車のように
一回転させる。

スリングショット
モーション

腕を後方に
振り上げる。

🌙 打ったボールは， 規定の位置に落ちたり止まっ
たりした フェア ボールと， フェアボールにならなかっ
た ファウル ボールに分けられます。 ファウルボール
になったときのルールは， 野球と同じです。

・1ストライク以下のとき…ストライク
・2ストライクのとき…打ち直し

プレイヤーの人数も，野球
と同じ9人だよ。

💤寝る前にもう一度
😺 ウインとスリリング
🌙 内はフェア，外はファウル

★今夜おぼえること

✨柔道…投げ技，固め技！

●柔道

〈投げ技〉 〈固め技〉

大腰（おおごし） 本けさ固め

保体

🌙中段の構え→面，小手，胴（どう）！

●剣道

中段の構え

面

小手

胴

101

❀ 柔道（じゅうどう）の技には, 相手を投げる 投げ技 と, 相手を抑え込む 固め技 があります。

・投げ技　例 大腰（おおごし）・大外刈り（おおそとがり）・体落とし（たいおとし）など。
・固め技　例 本けさ固め ・横四方固め・上四方固め（かみしほうがため）など。

●投げ技

大外刈り　　　体落とし

●固め技

横四方固め

上四方固め

いろんな技があるね。

☾ 剣道（けんどう）では, 剣先が相手の喉（のど）の高さにくるように構えます。 これを 中段の構え といいます。

　基本的な打ち方には, 「面 打ち」「小手 打ち」「胴（どう）打ち」があります。 どの打ち方も右足を踏み込んで相手に近づき, 打ちます。

・・・😴寝る前にもう一度・・・・・・・・・・・・・・
❀柔道…投げ技, 固め技 ！
☾中段の構え→面, 小手, 胴 ！

□ 月 日
□ 月 日

★今夜おぼえること

❀民族舞踊(ぶよう)から発生, フォークダンス

〈バルソビアナ
ポジション〉 　〈オープン
ポジション〉 　〈クローズド
ポジション〉

☾現代的なリズムのダンス, ロックやヒップホップ

〈ロック〉 　　　　〈ヒップホップ〉

保体

✿ 民族舞踊から発生したダンスに，〔フォーク〕ダンスがあります。パートナーとの組み方（ポジション）には，以下のようなものがあります。

- 〔バルソビアナ〕ポジション…男女が同じ方向を向いて，右手と右手，左手と左手をつなぐ。
- 〔オープン〕ポジション…男女が並んで片手をつなぐ。
- 〔クローズド〕ポジション…向き合って立ち，女性の右手と男性の左手をつなぐ。女性の左手は男性の右肩に，男性の右手は女性の左腰に置く。

☽ 〔現代的な〕リズムのダンスでは，〔ロック〕や〔ヒップホップ〕の音楽に合わせて，リズムの特徴をとらえて踊ります。

●ロック

1→2
3→4

前にステップ

●ヒップホップ

アップ

ダウン

ダウン

ダウン（もしくはアップ）でカウント

- ✿ 民族舞踊から発生，フォークダンス
- ☽ 現代的なリズムのダンス，ロックやヒップホップ

★ 今夜おぼえること

✿国際的な大会,

オリンピック・パラリンピック

保体

🌙 ゴロ合わせ あっ ち は 上(じょう),
（握力(あくりょく)）（長座体前屈(ちょうざたいぜんくつ)）（反復横跳(はんぷくよこと)び）（上体起(じょうたいお)こし）
　　 2 こ ハン たべたい

（20mシャトルラン）（50m走(そう)）（ハンドボール投(な)げ）（立(た)ち幅跳(はばと)び）

上2コ半
食べたい

並

上

うな重

新体力テスト
の項目だよ。

🌼国際的なスポーツ大会として代表的なものに、オリンピック・パラリンピックがあります。国際親善や世界平和に大きな役割を果たしています。

🌙新体力テストには、握力（あくりょく）、上体起こし、長座体前屈（ちょうざたいぜんくつ）、反復横跳び、立ち幅跳び（はば）、ハンドボール投げ、50m走、持久走、20mシャトルランがあります。

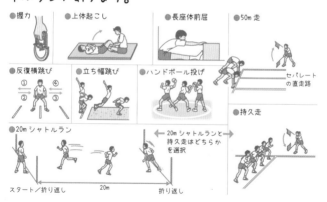

●握力　●上体起こし　●長座体前屈　●50m走

セパレートの直走路

●反復横跳び　●立ち幅跳び　●ハンドボール投げ

●持久走

●20mシャトルラン

← 20mシャトルランと持久走はどちらかを選択 →

スタート／折り返し　20m　折り返し

🌼国際的な大会，オリンピック・パラリンピック

🌙あっちは上，2こ ハン たべたい

★ 今夜おぼえること

✨ ゴロ合わせ　うんと 食 休 みして 眠る

（運動）　（食生活）（休養）　　（睡眠）

🌙 ゴロ合わせ　こう どう が と し の せい

（高血圧）（動脈硬化）（がん）（糖尿病）（心臓病）（脳卒中）

これらは，主な生活習慣病だよ。

保体

☆健康な生活を送るには，適度な 運動 ，規則正しい 食生活 ，適切な 休養 が大切です。休養には 休息 や 睡眠 ，入浴などがあります。

・運動…ストレスの緩和，体力向上，肥満防止に。
・食生活…3食バランスよくとることで健全な発育・発達が促され脳や体が十分に働く。
・休養…疲労回復，抵抗力向上に。

☽主な生活習慣病には， 高血圧 や 糖尿病 ， 動脈硬化 などがあり，重い症状として がん ， 心臓病 ， 脳卒中 などがあります。

【生活習慣病の原因】

脂肪・塩分のとりすぎ

運動不足

喫煙・過度の飲酒

睡眠不足

ストレス

☆うんと食休みして眠る
☽こうどうがとしのせい

★今夜おぼえること

✪たばこの煙（けむり）…ニコチン，タール，一酸化炭素

たばこの先から出る煙は，そばにいて吸い込んでしまった人にも害（がい）を及（およ）ぼすんだよ。

一酸化炭素

タール

ニコチン

保体

◐ゴロ合わせ　ある　や　依存症（いぞんしょう）！

（アルコール）（薬物）

くれええ

麻薬（まやく）（MDMAなど）

覚醒剤（かくせいざい）

大麻（たいま）

😈たばこには，依存性があり血流を悪くする ニコチン ，発がん性物質を多く含む タール ，酸素の運搬能力を低下させ，血管をきずつける 一酸化炭素 などの有害物質が含まれています。

🌙大量の飲酒をすることで， 肝臓 や脳などの病気を起こしやすくなったり， アルコール 依存症になったりするおそれがあります。

賞醒剤 や 大麻 ，麻薬などの 薬物 乱用は，法律で禁じられています。薬物依存により人格が破壊され，ときには命の危険もあります。

●薬物依存の形成

1回くらいなら……

つかの間の満足

不安，疲労感，いらいら

禁断症状など

量が増える。欲しくてたまらない

寝る前にもう一度

😈たばこの煙…ニコチン，タール，一酸化炭素

🌙あるや依存症！

★ 今夜おぼえること

✿感染源, 感染経路, 抵抗力

● 予防対策

〈感染源をなくす〉　〈感染経路を断つ〉　〈抵抗力を高める〉

保体

🌙 ゴロ合わせ エイやクラゲに注意！

（エイズ）（クラミジア）

性器クラミジア感染症の発生数は、20代が多いんだって。

😊 インフルエンザ, 食中毒, 結核 などの感染症を予防するには, 感染源・感染経路・体の 抵抗力 について対策を立てます。

・感染源…消毒・滅菌,患者の早期発見・早期治療など。

・感染経路…手洗い, うがい, マスク, 換気など。

・抵抗力…運動, 栄養, 休養・睡眠, 予防接種など。

🌙 主な性感染症には, HIVウイルスの感染によって起こる エイズ や, 性器 クラミジア 感染症, 梅毒などがあります。

●HIV感染者の感染経路別内訳（2018年）

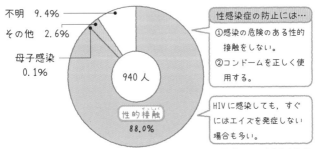

不明　9.4%

その他　2.6%

母子感染
0.1%

940人

性感染症の防止には…
①感染の危険のある性的接触をしない。
②コンドームを正しく使用する。

性的接触
88.0%

HIVに感染しても, すぐにはエイズを発症しない場合も多い。

厚生労働省『エイズ発生動向年報』

💤 寝る前にもう一度

😊 感染源, 感染経路, 抵抗力

🌙 エイやクラゲに注意！

★ 今夜おぼえること

🌟発育急進期は2回!

身長や体重の発育の仕方

骨, 筋肉, 肺,
心臓などが
急速に発育

←0〜2歳頃（さいごろ）
（第1発育急進期）

思春期
（第2発育急進期）

保体

🌙呼吸器発達…呼吸数減,

肺活量増

吸気

呼気

😺身体が急に発育する 発育急進期 は，大人になるまでに2回あります。思春期 は，第2発育急進期 に当たります。

思春期の時期に大きく成長していることがわかるね。

各器官の発育の仕方のモデル

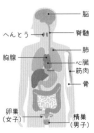

🌙 呼吸数 の減少や， 肺活量 の増大によって，呼吸器 が発達したことがわかります。

※肺活量…空気をいっぱいに吸い込んだあと，できるだけ多く吐き出した空気の量。

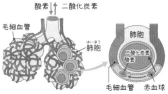

肺胞の数が増えたり，肺全体が大きくなったりすることで，1回の呼吸量が増える。

💤寝る前にもう一度

😺発育急進期は2回！

🌙呼吸器発達…呼吸数減，肺活量増

114

★ 今夜おぼえること

☆ 循環器発達…脈拍数減, 拍出量増

心臓が発達して拍出量が増すと, 血圧も上がるんだって。

● 思春期に分泌…性腺刺激ホルモン!

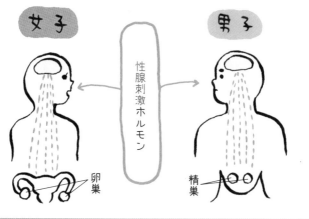

女子

男子

性腺刺激ホルモン

卵巣

精巣

保体

115

✪ 脈拍数 の減少や，拍出量 の増大によって，循環器 が発達したことがわかります。

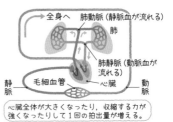

全身へ　肺動脈（静脈血が流れる）

肺

肺静脈（動脈血が流れる）

静脈　毛細血管　心臓　動脈

> 心臓全体が大きくなったり，収縮する力が強くなったりして1回の拍出量が増える。

☾ 思春期に，下垂体 から 性腺刺激 ホルモンが分泌されることで，生殖器 が発達します。

●女性生殖器の断面図（正面）

卵管

卵巣
卵子
子宮内膜
子宮

腟（膣）

卵子が作られる

●男性生殖器の断面図（側面）

尿管
ぼうこう
精のう
精管
前立腺
尿道
陰茎
精子
精巣

精子が作られる

⁙⁙ 寝る前にもう一度 ⁙⁙

✪ 循環器発達…脈拍数減，拍出量増

☾ 思春期に分泌…性腺刺激ホルモン！

★ 今夜おぼえること

✪ 心の働き… 知　情　社

〔知的機能〕〔情意機能〕〔社会性〕

〈知的機能〉 ｜ 〈情意機能〉 ｜ 〈社会性〉

 ｜  ｜

☽ 求める心… 欲求,

心身に負担… ストレス

欲求

ストレス

保体

117

❇ 心の働きは 大脳 で営まれ，知的 機能，情意 機能，社会性 などの働きがあります。

- 知的機能…言葉を使ったり，考えたり，記憶(きおく)したりする能力。
- 情意機能…喜怒哀楽(きどあいらく)などの感情や，意思。
- 社会性…自主性や協調性，責任感など，社会生活を送るうえで必要な態度や行動。

☽ 欲求には，生理的 欲求と 社会的 欲求があります。周囲からの刺激(しげき)で心身に負担がかかった状態を ストレス といいます。

生理的欲求

飲食　活動　休息

睡眠(すいみん)　安全　生殖(せいしょく)

社会的欲求

1年2組
所属　承認　受情

優越(ゆうえつ)　自己実現

💤 寝る前にもう一度

❇ 心の働き…知　情　社

☽ 求める心…欲求，心身に負担…ストレス

★ 今夜おぼえること

✿変化に対応，「適応能力」

〈暑いとき〉

〈寒いとき〉

保体

☽適切な温度，「至適温度」

〈気温〉

〈湿度〉

〈気流〉

119

☘暑さや寒さなどの環境の変化に対応する能力を，適応能力といいます。

寒さに対する適応　　毛穴が閉じ，
　　　　　　　　　熱を閉じ込める。

毛穴

毛細血管

暑さに対する適応　　毛穴が開き，汗を出し，
　　　　　　　　　熱を逃がす。熱を逃がす。

毛細血管が細くなり，血液が流れにくくなる。

毛細血管が太くなり，血液が多く流れる。

◐暑すぎず寒すぎず，活動するのに最も適した温度の範囲を，至適温度といいます。

望ましい気温などの範囲	
気温	17～28℃
湿度	30～80%
気流	0.5m/秒以下

（学校環境衛生基準による）

寝る前にもう一度

☘ 変化に対応，「適応能力」

◐ 適切な温度，「至適温度」

★ 今夜おぼえること

✿ し尿を含んだ水＋生活雑排水

＝生活排水

サラダ油を15mL流したとしたら，浄化するのに約5100Lの水が必要なんだって。

〈し尿〉　〈生活雑排水〉

☽ 循環型社会は3R！

〈リデュース〉　〈リユース〉　〈リサイクル〉

★ 今夜のおさらい

☪ し尿(ふく)を含んだ水 と 生活雑排水(はいすい) を合わせて 生活排水 といい, 下水処理場で処理されます。

処理されて放流

下水処理場

し尿を含んだ水

生活雑排水

公共下水道人口
75.6%

☽ 循環型社会(じゅんかんがた)では, リデュース ・ リユース ・ リサイクル の 3R(スリーアール)が推進されています。

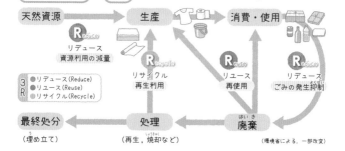

天然資源 → 生産 → 消費・使用

Reduce
リデュース
資源利用の減量

Recycle
リサイクル
再生利用

Reuse
リユース
再使用

Reduce
リデュース
ごみの発生抑制

3R
● リデュース(Reduce)
● リユース(Reuse)
● リサイクル(Recycle)

最終処分(う) ← 処理 ← 廃棄(はいき)
(埋め立て)   (再生, 焼却など)

(環境省(かんきょうしょう)による, 一部改変)

∼ 寝る前にもう一度 ∼

☪ し尿を含んだ水＋生活雑排水≒生活排水

☽ 循環型社会は3R！

122

★ 今夜おぼえること

😊 ゴロ合わせ 人 にかん しゃ

（人的要因）（環境要因）（車両要因）

> 傷害は人的要因と環境要因の関わりによって起こる。交通事故は、そこに車両要因が加わるんだ。

🌙 交通事故防止は, 危険予測と 交通環境の整備

〈危険予測〉　　〈環境整備〉

保体

🌼 交通事故は，人的要因・環境要因・車両要因が複雑に関わり合って起こります。

・人的要因…危険な行動（飛び出しや信号無視など），不安定な心身の状態（心配事や睡眠不足など），規則を守る態度の欠如など。

・環境要因…道路状況,安全設備の不備,自然の悪条件など。

・車両要因…車両の欠陥や整備不良など。

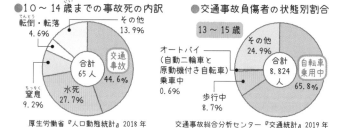

●10〜14歳までの事故死の内訳
転倒・転落 4.6%
その他 13.9%
合計 65人
交通事故 44.6%
水死 27.7%
窒息 9.2%

厚生労働省『人口動態統計』2018年

●交通事故負傷者の状態別割合
13〜15歳
オートバイ（自動二輪車と原動機付き自転車）乗車中 0.6%
その他 24.9%
合計 8,824人
自転車乗用中 65.8%
歩行中 8.7%

交通事故総合分析センター『交通統計』2019年

🌙 交通事故を防ぐには，交通法規を守って安全に行動し，危険を予測して危険回避の行動をとることのほか，信号機や道路標識の設置，交通規則の実施といった交通環境の整備が必要です。

💤 寝る前にもう一度

🌼 人にかんしゃ
🌙 交通事故防止は，危険予測と交通環境の整備

124

★ 今夜おぼえること

✪ 反応がない！→ 心肺蘇生(そせい)

心臓マッサージ（胸骨圧迫(あっぱく)）

☽ 血が出た！

→ 直接圧迫止血法

保体

❀傷病者の反応がない場合，通報をしてから，心肺蘇生を行います。心肺蘇生では，まず胸骨圧迫（あっぱく）を行い，近くにAED（自動体外式除細動器（じょさい）（とう））がある場合は，それを用いた手当を行います。

垂直に体重をかけ，胸骨が5cm下へ沈む（しず）ように押す。

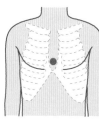

胸の真ん中，胸骨の下半分にてのひらの根元を置く。

☽けがをして出血がある場合，ガーゼなどを直接きず口に当てて圧迫する，直接圧迫止血法を行います。

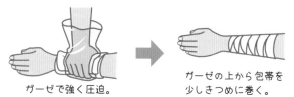

ガーゼで強く圧迫。

ガーゼの上から包帯を少しきつめに巻く。

💤 寝る前にもう一度

❀反応がない！→心肺蘇生

☽血が出た！→直接圧迫止血法

★ 今夜おぼえること

☆ 🎵ゴロ合わせ いまさ変身！
(板目)(まさ目)(辺材)(心材)

集合パーティー。
(集成材)(合板)(パーティクルボード)

まさ目材は木目がまっすぐ。そのほか、集成材・合板・パーティクルボードなどの木質材料が作られているよ。

板目材　合板　まさ目材

集成材　辺材　心材　パーティクルボード

🌙 スギとヒノキは針葉樹、カツラは広葉樹。

針葉樹材は建築材などに使われている。広葉樹材は家具材などに使われているよ。

スギ　ヒノキ　カツラ

技
家

127

✿木材は切り出し方によって 板目材(板目板) と まさ目材(まさ目板) ができます。板目材は乾燥などで変形しやすいですが,まさ目材は木目が平行で,変形しにくいです。

木質材料には,節などを取り除いて繊維方向を合わせて接着した 集成材 や,薄い板をはり合わせた 合板,木材の小片を固めた パーティクルボード などがあります。

板目材　まさ目材

木表　こぐち　木裏　こば

●スギ,ヒノキは 針葉樹 材で,軽くやわらかいのが特徴です。輸入材の アガチス も使われます。 広葉樹 材には,カツラ,シラカシなどがあります。木の種類によって密度がちがい,密度が大きい(重い)ほど加工しにくくなります。針葉樹材は比較的軽く建築材などに使われ,広葉樹材は比較的重く家具材などに使われます。

✿い まさ 変身! 集合 パーティー。
●スギとヒノキは針葉樹,カツラは広葉樹。

★今夜おぼえること

✿金属は延・展・弾・塑。

金属には，延性・展性・弾性・塑性という性質が
あるよ。

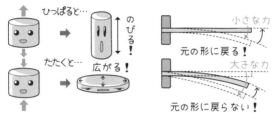

ひっぱると…　のびる！

たたくと…　広がる！

小さな力　元の形に戻る！

大きな力　元の形に戻らない！

🌙プラスチックは，

熱可塑性と熱硬化性。

熱可塑性プラスチック

冷やす　固まる

チョコレートタイプ

…熱を加えるとまたやわらかくなる。

熱硬化性プラスチック

加熱　固まる

クッキータイプ

…一度固めると熱を加えても
やわらかくならない。

技家

129

✪金属には、ひっぱるとのびる 延性、たたくと広がる 展性 などの性質があります。また、小さな力で曲げるとはね返って元の形に戻る 弾性、大きな力だと曲がったままになって元の形に戻らない 塑性 などの性質もあります。

☽ 熱可塑性 プラスチックは熱を加えるとやわらかくなり、冷やすと固まるので加工しやすいです。ポリエチレン（PE）、ポリプロピレン（PP）、ポリスチレン（PS）、ポリ塩化ビニル（PVC）、アクリル（PMMA）樹脂，ペット（PET）樹脂 などがあります。
　また、 熱硬化性 プラスチックは一度固まると熱を加えてもやわらかくなりません。熱に強いフェノール樹脂（PF）などがあります。
　さらに、技術の進歩により、土や水の中のバクテリアによって分解される生分解性プラスチックが活用されています。

・・😴寝る前にもう一度・・・・・・・・・・・・・・・・・
✪金属は延・展・弾・塑。
☽プラスチックは，熱可塑性と熱硬化性。

★ 今夜おぼえること

✪ 三角形構造は強い。

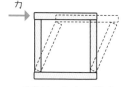

変形しやすい構造　　斜め材（筋_{すじ}かい）などの
三角形構造は強い！

技
家

☽ 断面は山に向かってイヤッ
（山形）　　　　　　（I 形）

ホー、補強はテントで。
（H 形）　　　　　　（T 字金具）

イヤッホー
（I 形）（H 形）

★今夜のおさらい

❀四角形の構造は強度が弱く変形しやすいので、

カ

四角形の構造

三角形構造などにしてじょうぶな構造にします。

じょうぶ　　　じょうぶ　　　さらにじょうぶ

三角形の構造　幅（はば）のある板を接合（せつごう）　全面に板を接合

☽部品を強くするには、強い材料を使ったり、材料の太さを変えたり、断面の形を工夫（くふう）したりします。さらに、補強金具を使えば、じょうぶな構造になります。

▼断面の形を工夫して
じょうぶにする棒材（ぼうざい）

▼補強金具

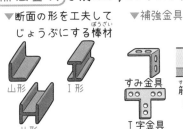

山形　　Ｉ形

Ｈ形

すみ金具

Ｔ字金具

直角金具

筋（すじ）かい
金具

·····🄩 寝る前にもう一度·····

❀三角形構造は強い。

☽断面は山に向かってイヤッホー、補強はテントで。

132

★ 今夜おぼえること

✪ キャビネット，水平かいて45°，等角図は30°。

▼キャビネット図

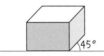

45°

水平線に対して45°の線

▼等角図

120°
120°　120°
30°　　30°

水平線に対して30°の線

技
家

☾ 平成(平・正)，右に側面図。
（平面図）（正面図）

第三角法による
正投影図…立体
を3つの方向から
見た図。

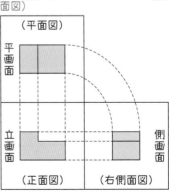

（平面図）

平画面
立画面

側画面

（正面図）　（右側面図）

133

😸キャビネット図では，立体の正面が正確に表せます。奥行きの辺は水平線から 45° で，長さは実物の $\frac{1}{2}$ の割合でかきます。

奥行きは実物の $\frac{1}{2}$ の割合

45°

　等角図では辺の長さの比は実物と同じ割合にします。水平線に対して 30° の角度でかきます。

120°
120°
120°
30° 30°

🌙第三角法による正投影図は，立体を3つの方向から見た図です。キャビネット図や等角図では表しにくい部品の正確な形や接合方法なども表すことができます。 正面図 の上に 平面図 をかき，正面図の右側に 側面図 をかきます。

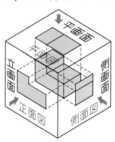

平面図

平面図

立面図

側面図

正面図

側面図

😸キャビネット，水平かいて45°，等角図は30°。
🌙平成（平・正），右に側面図。

★ 今夜おぼえること

✿ けがきの余裕は4mm。

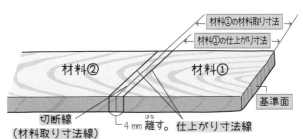

材料①の材料取り寸法
材料①の仕上がり寸法

材料②　　　材料①

基準面

切断線
（材料取り寸法線）
4mm離す。
仕上がり寸法線

技家

☾ 金属の穴あけは，穴の中心に

センターポンチ。

センターポンチの先を，穴の中心に当ててハンマでたたくよ。

センターポンチ

垂直に軽く打つ。

★今夜のおさらい

🌀材料に線や印を入れることをけがきといいます。けがき線には，実際に切る線＝切断線（材料取り寸法線）と，でき上がりの線＝仕上がり寸法線があります。木材を切断するときの材料取り寸法線は，仕上がり寸法線から2mmのところにけがきます。材料と材料の間の余裕（切りしろとけずりしろ）は2mm＋2mmで 4mm 程度（3～5mm）とします。

木材のけがきは，
さしがねと鉛筆を
使うよ。

🌙金属のけがきは，けがき針でけがきます。穴をあけるときは，穴の中心に十字の印をつけ，センターポンチを打ちます。

プラスチックのけがきは，木材や金属のけがきの用具や油性マーカーなどを使ってけがきます。

······💤寝る前にもう一度·············
・🌀けがきの余裕は4mm。
・🌙金属の穴あけは，穴の中心にセンターポンチ。

★今夜おぼえること

✿のこぎりの縦びきはのみの刃、横びきは小刀が並んだ刃。

縦びき

繊維方向と平行

繊維

のみのような形の刃が繊維の間に食い込んで切っていく。

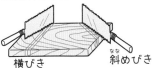

横びき　斜めびき

繊維方向と直角や斜め

小刀のような形の刃が木材の繊維を直角や斜め方向に切っていく。

☽かんな身をたたいて出して、台がしらで抜く。

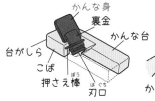

かんな身
裏金
台がしら
こば
押さえ棒
刃口
かんな台

かんな身の出し方

かんな身の抜き方

技
家

137

✿両刃のこぎりには，縦びきと横びきの刃があります。繊維方向と平行に切断するときは，縦びき用の刃を使います。刃は のみ のような形で，繊維にそって材料をけずります。

　繊維に対して直角や斜めに切断するときは，小刀 が並んだような形の横びき用の刃で，繊維を切断します。

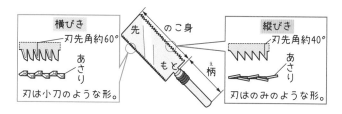

横びき
刃先角約60°
あさり
刃は小刀のような形。

先
のこ身
もと
柄

縦びき
刃先角約40°
あさり
刃はのみのような形。

☽かんなの刃は，刃先を見ながら刃先の出が 0.05〜0.1（0.2）mm になるように，かんな身 をたたいて出します。引っ込めるときは 台がしら をたたきます。

･･･😴寝る前にもう一度･･･

✿のこぎりの縦びきはのみの刃，横びきは小刀が並んだ刃。
☽かんな身をたたいて出して，台がしらで抜く。

★今夜おぼえること

✪ ゴロ合わせ ボールは，クラ スで

（卓上ボール盤）（クランプで固定）（スイッチ ON）

見送りさ。

（送りハンドル）（下げる）

☾ 金属板の折り曲げは，

外から中へ。

外 → 中の順
に，①，②，③
とたたくよ。

打ち木を短くにぎる。

折り台

けがき線

② ③ ①

技
家

139

😺 卓上ボール盤で穴をあけるときは,

① テーブルの高さを固定。

② 穴あけの深さを調整します。

③ 材料を クランプ （万力）で固定。

④ スイッチを入れます。

⑤ 送りハンドル でゆっくりとドリルを下げながら穴をあけます。

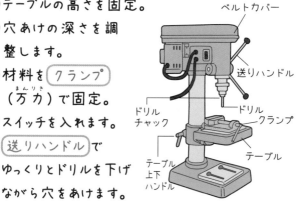

ベルトカバー

送りハンドル

ドリルチャック

ドリル

クランプ

テーブル上下ハンドル

テーブル

🌙 薄い金属板を折り曲げるときは, 折り台のふちにけがき線を合わせ, 打ち木を使って, 外から中 の順にたたきます。

打ち木で折り曲げにくい部分は, かげたがねで折り曲げるよ。

·😴 寝る前にもう一度·

😺 ボールは, クラスで見送り さ。

🌙 金属板の折り曲げは, 外から中へ。

★ 今夜おぼえること

✿ くぎの長さは板の2.5倍。

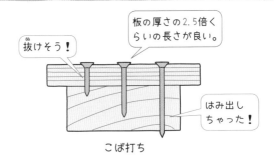

抜けそう！

板の厚さの2.5倍くらいの長さが良い。

はみ出しちゃった！

こば打ち

技家

🌙 ゴロ合わせ 木材は<u>エ ビ ゴム</u>，木材
（エポキシ系）（酢酸ビニル系）（合成ゴム系）

なければ<u>シアノ</u>で接着。
（シアノアクリレート系）

接着剤による接合では，材料に合わせて接着剤を使い分けるんだよ。

141

✿くぎの長さは，こば打ち（繊維方向と直角）の場合は板の厚さの 2.5 倍くらいです。こぐち打ち（繊維方向と平行）の場合は，抜けやすいので2.5倍より長く **3倍程度** にします。

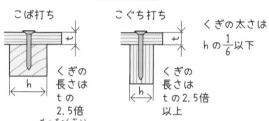

こば打ち　　　こぐち打ち

くぎの太さは
hの$\frac{1}{6}$以下

くぎの長さはtの2.5倍

くぎの長さはtの2.5倍以上

☾材料と接着剤

木材以外の接着は，シアノアクリレート系でできます。

材料	木材との接合	金属との接合	アクリル樹脂との接合
木　材	・酢酸ビニル樹脂系エマルション形 ・エポキシ樹脂系 ・合成ゴム系		
金　属	・エポキシ樹脂系 ・合成ゴム系	・エポキシ樹脂系 ・シアノアクリレート系（瞬間接着剤）	
アクリル樹脂	・酢酸ビニル樹脂系エマルション形 ・合成ゴム系	・エポキシ樹脂系 ・シアノアクリレート系（瞬間接着剤）	・エポキシ樹脂系 ・シアノアクリレート系（瞬間接着剤）

‥‥💤寝る前にもう一度‥‥‥

✿くぎの長さは板の2.5倍。

☾木材はエ ビ ゴム，木材なければシアノで接着。

142

★ 今夜おぼえること

☆☆ 〈ゴロ合わせ〉 火曜・水曜，元気な太陽。

（火力発電）（水力発電）　（原子力発電）（太陽光発電）

🌙 電気→熱は発熱体，

電気→動力はモータ。

電気→熱　　　　　　　電気→動力

ヒーター　　　　　　　電気自動車

技家

143

❀ 発電方式には下の表のようなものがあります。

(▶は問題点)

発電方式	発電法と問題点
火力	・石炭，石油，天然ガスなどの化石燃料を使用。 ▶ CO_2 など温室効果ガスが発生。
水力	・ダムなどの水を利用。 ▶ 新たな水源の確保が困難。
原子力	・ウランなどの核燃料(かくねんりょう)を使用。 ▶ 安全性に特別な配慮(はいりょ)が必要。
太陽光・風力	・太陽光や風を利用。 ▶ 天候に左右されやすく，1基あたりの発電量が他と比べて少ない。

☽ 電気エネルギーを熱に変換(へんかん)するには，発熱体 が必要です。発熱体の代表的なものにニクロム線があります。ニクロム線に流れる電流が大きいほど，発生する熱量は大きくなります。

　電気エネルギーから動力への変換は，モータ が代表的です。モータは，扇風機(せんぷうき)，電気洗濯(せんたく)機(き)，電気自動車，カメラ，電気冷蔵庫(れいぞうこ)などいろいろなものに使われています。

····😴 寝る前にもう一度·············
❀ 火曜・水曜，元気な太陽。
☽ 電気→熱は発熱体，電気→動力はモータ。

★今夜おぼえること

✿動力伝達⇒チェーン，歯車，プーリ・ベルト。

○かみ合いで回転運動を伝えるしくみ　○摩擦(まさつ)で回転運動を伝えるしくみ

▲チェーンと
　スプロケット

▲平歯車

▲かさ歯車

▲プーリと
　ベルト

☽てこは揺動(ようどう)，クランクは回転。

リンク装置（機構）は回転運動を揺動運動や往復直線運動に変えることができるよ。

リンク

技
家

145

😊かみ合いで回転運動を伝えるしくみに, 自転車で使われている チェーン があります。また, 2軸（じく）が近いときに使う 歯車 があります。

　摩擦（まさつ）で, 回転運動を伝えるしくみには プーリ と ベルト を使ったものがあります。

🌙 てこ は揺動（ようどう）運動, クランク は回転運動なので, リンク装置名（機構名）で運動がわかります。

両てこ機構

てこ　　てこ
固定リンク

てことてこだから, 揺動→揺動

てこクランク機構

クランク
てこ
固定リンク

てことクランクだから, 回転⇔揺動

平行クランク機構

てこ
クランク　　クランク
固定リンク

クランク同士だから, 回転→回転

..😴寝る前にもう一度
😊動力伝達 ➡ チェーン, 歯車, プーリ・ベルト。
🌙てこは揺動, クランクは回転。

146

★今夜おぼえること

✪定格電流・定格電圧，
電気機器の限度を守れ。

> 定格値15A, 125Vのテーブル
> タップにつなぐ場合

1000W÷100V
≒10A

25W÷100V
≒0.25A

10＋0.25≒10.25A

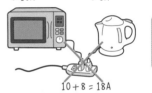

1000W÷100V
≒10A

800W÷100V
≒8A

10＋8≒18A

技家

●🌙ゴロ合わせ 自転車点検，ブ ラ ブ ラ
　　　　　　　　　　（ブレーキ）（ライト）
サ タ デー。
　（サドル）（タイヤ）

チェーンのたる
みもチェックしよ
う。

✺電気機器の定格

- 定格電流…流してもよい電流。〈例〉15A
- 定格電圧…加えてもよい電圧。〈例〉100V
- 定格消費電力…〈例〉1000W

  電力(W) ＝電圧(V)×電流(A)

- 屋内配線が危険になると，分電盤のブレーカ
  (配線用しゃ断器・漏電しゃ断器)が自動的
  に回路をしゃ断します。

☾自転車の保守点検

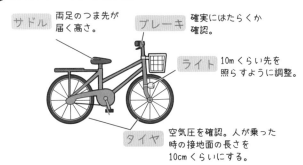

サドル　両足のつま先が届く高さ。

ブレーキ　確実にはたらくか確認。

ライト　10mくらい先を照らすように調整。

タイヤ　空気圧を確認。人が乗った時の接地面の長さを10cmくらいにする。

定期的に安全に十分配慮して行うこと。

💤寝る前にもう一度

- ✺定格電流・定格電圧，電気機器の限度を守れ。
- ☾自転車点検，ブ ラブラサ タデー。

148

★今夜おぼえること

❀**植物を育てる→光・温度・土，**
育苗(いくびょう)・定植。

☽**飼育では，動物の習性や水産**
生物の特性を考慮(こうりょ)。

家畜(かちく)の飼育(し)では，給餌(きゅう/じ)，環境・衛生，繁殖(はんしょく)の管理が重要だよ。

技家

149

★ 今夜のおさらい

✿ 植物を育てるには, 環境や植物自体を管理します。

環境の管理

光…日射量・日長など。

温度…作物の種類
に応じた気温。

土…水分・養分。
通気性, 排水性,
保水・保肥性。

その他…雑草・
昆虫など。

植物自体の管理

たねまき
（さし芽, 株分け）
↓
育苗
↓
植えつけ（定植）
↓
水やり
↓
摘芽・摘しん
↓
除草・病害虫
の防除など

☽ 動物の飼育では, えさの与え方や 繁殖 の管理, 水産生物では, 卵をふ化させる温度などを考えます。

習性1
活動時間が
異なる

習性2
えさの好みがちがう

気象的要因
適する気象が異なる。

物理的要因
音やガス
など。

生物的要因
有益な生物
や害になる
生物がある。

💤 寝る前にもう一度

✿ 植物を育てる→光・温度・土, 育苗・定植。

☽ 飼育では, 動物の習性や水産生物の特性を考慮。

★ 今夜おぼえること

大切な肥料→知人から 借りまくり，苦しウム。

(窒素：N) (リン：P) (カリウム：K) (マグネシウム：Mg) (カルシウム：Ca)

肥料の三要素…
窒素（N）（ちっそ）
リン（P）（リン酸）
カリウム（K）

団粒構造（だんりゅうこうぞう）の土は，水もち・ 水はけがよい。

・水分を保つ（水もちがよい）。
・余分な水が流れる（水はけがよい）。
・土の粒子（りゅうし）の表面に養分を保つ。

通気性もいいよ。

技家

151

😺植物の栽培では，生育に必要な養分を補うために肥料を与えます。肥料のうち，窒素 (N)・リン (P)・カリウム (k) は生育への影響が大きく，不足しがちなので大切な肥料です。これを肥料の三要素といいます。そのほか，カルシウム (Ca)・マグネシウム (Mg) などの無機質肥料や，たい肥・油かす・けいふんなどの有機質肥料も使われます。

🌙団粒構造の土は，水もちや水はけがよく，通気性もあって植物の生育に適します。

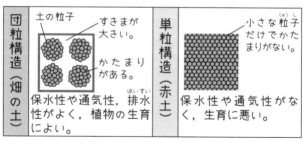

| 団粒構造（畑の土） | 土の粒子 — すきまが大きい。 かたまりがある。 保水性や通気性，排水性がよく，植物の生育による。 | 単粒構造（赤土） | 小さな粒子だけでかたまりがない。 保水性や通気性がなく，生育に悪い。 |

😴寝る前にもう一度

😺大切な肥料→知 人から借り まくり，苦しウム。

🌙団粒構造の土は，水もち・水はけがよい。

★ 今夜おぼえること

✪ トマト栽培，連作さけて 摘芽・摘しん。

摘芽…余分なえき芽を取ること。

> えき芽はわき芽ともいうよ。茎と葉の間に出る芽のことだよ。

技家

🌙 イネの葉数 3，4 枚で 田植え，水を管理する。

○ 苗の葉数が 3，4 枚のころ，2，3 本ずつまとめて田植え。

○ 茎の数が20本ほどになったら水を抜いて中干しをし，2～5 日ほどでまた水を入れる。

153

❀トマトの栽培では, 同じ土に毎年植えると, 病害虫が発生しやすくなるため, 連作をさけます。

　また, 生育のための栄養分のむだをなくすため, 余分なえき芽を取る 摘芽 を行います。高さが高くなったら, 実を大きく充実させるため, 摘しん （先端の芽を取ること）をします。

☾イネの栽培では, まず育苗箱で苗を育てます。苗の葉数が3, 4枚のとき, 植えつけをします。これが 田植え です。水の管理も大切です。水をきらさないようにして, 追肥もします。7月ごろには2〜5日ほど水を抜いて中干しをし, 根に新鮮な空気を与えます。

中干しすると, 土の中の有毒ガスを抜くことができるんだよ。

┈┈💤寝る前にもう一度┈┈
❀トマト栽培, 連作さけて摘芽・摘しん。
☾イネの葉数3, 4枚で田植え, 水を管理する。

154

☐ 　月　　日
☐ 　月　　日

★今夜おぼえること

✪✪5つの機能は，入力・出力・演算・記憶・制御。

出力機能

記憶機能

演算機能

入力機能

制御機能

技家

🌙 ゴロ合わせ **ビット**の 8 倍で**バイト**，
　　　　(bit) 　　　　　　　 (B)

けたが上がれば**カ**<u>メ</u>が**飛ぶ**。
　　　　　(KB)(MB)(GB)　(TB)

1バイト（B）=
8ビット（bit）

1024倍ごとに，
キロバイト　メガバイト　ギガバイト　テラバイト
KB → MB → GB → TB

155

😊 **コンピュータの 5 つの機能**

・ 入力 機能…コンピュータが情報を受け取る。
  キーボードなど。

・ 出力 機能…結果を伝える。ディスプレイなど。

・ 演算 機能…情報を処理。CPU(中央処理装置)

・ 記憶 機能…命令や処理結果を記憶。

・ 制御 機能…全体をコントロール。CPU が OS
  (基本ソフトウェア)のもとで管理。

🌙 1 と 0 のどちらかを表す情報の単位を ビット
(bit) といいます。8 ビットを 1 まとまりとして
1 バイト(B) といい、1 バイトで半角文字 1 文字
が表せ、2 バイトで全角文字 1 文字が表せます。

キロバイト
1KB =1024B
メガバイト
1MB =1024KB ← 1024倍
ギガバイト
1GB =1024MB ← 1024倍
テラバイト
1TB =1024GB ← 1024倍

1ビット

0	1	1	1	1	1	1	0
0	1	0	0	0	0	1	0
1	1	0	0	0	0	1	1
1	0	0	0	0	0	1	0

8ビット=1バイト

･･･💤 寝る前にもう一度･･･

😊 5つの機能は、入力・出力・演算・記憶・制御。

🌙 ビットの 8 倍でバイト、けたが上がれば カ メ が 飛ぶ。

★ 今夜おぼえること

☆ LAN がつながる WAN,

情報モラルを大切に!!

LAN　　　WAN　　　LAN

技
家

🌙 Web ページは URL, メールは
(Uniform Resource Locator)

電子メールアドレス。

（メルアドまたはメアド）

http://www.○○○○
↖URL
Neru
🔍

To:○△@□×.ed.jp　←　電子メール
件名：　　　　　　　　　　　 アドレス
本文：
おやすみなさい。

自分のアドレスが
あれば見てみよう。

157

✿コンピュータどうしを接続し，情報をやりとりできるようにしたしくみをコンピュータネットワークといいます。学校内などの比較的狭い範囲でのネットワークを LAN （ローカルエリアネットワーク），LAN どうしがつながった広い範囲のネットワークを WAN （ワイドエリアネットワーク）といい，ネットワークが世界的になったものがインターネットです。

　簡単に情報を手に入れることができる一方で，プライバシーの漏えいや著作権の侵害などが起きていたり，ネット依存になったりもします。適切に利用できるように 情報モラル を大切にしましょう。

❍接続先やあて先を特定するしくみ

URL …Web ページの住所に相当します。

〈例〉http://www.gika.ed.jp/index.html
　　　　　（サーバ名 組織名 組織 国）（web ページのファイル名）
　　　　　　　　（ドメイン名）

電子メールアドレス … 電子メールのあて先（住所・氏名に相当）です。

…𝓏𝓏寝る前にもう一度…
✿ LAN がつながる WAN，情報モラルを大切に‼
❍ Web ページは URL，メールは電子メールアドレス。

★ 今夜おぼえること

☆体に必要，炭水，脂，たん，無機，ビタミン。

（炭水化物）（脂質）（たんぱく質）（無機質）

炭水化物（たんすいかぶつ）

たんぱく質

脂質（ししつ）

無機質（むきしつ）

ビタミン

技家

☽ 炭水化物はエネルギーに，たんぱく質は体の組織に。

脂質（ししつ）は両方のはたらきをするよ。

炭水化物，脂質はエネルギーになる。

たんぱく質，無機質，脂質は体の組織をつくる。

✿食品に含まれる成分を栄養素といい，はたらきや性質から，炭水化物，脂質，たんぱく質，無機質，ビタミンの5種類に分けられます。

これを，五大栄養素といいます。

☽炭水化物，脂質，（たんぱく質）は，活動し，体温を保つためのエネルギーになります。

また，たんぱく質，無機質，（脂質）は，おもに骨や筋肉などの体の組織をつくるはたらきをします。

無機質とビタミンは，おもに体の調子を整えるはたらきをします。

そのほか，栄養素には含まれませんが，生きていくために不可欠な水は，体内で栄養分の運搬，老廃物の運搬・排出，体温調節などの重要なはたらきをしています。

💤寝る前にもう一度
✿体に必要，炭水，脂，たん，無機，ビタミン。
☽炭水化物はエネルギーに，たんぱく質は体の組織に。

★ 今夜おぼえること

☆☆ ゴロ合わせ 1・2群…うにたま，入荷。

(魚) (肉) (卵) (豆)

入荷(にゅうか)。
(乳製品)(海そう)

🌙 ゴロ合わせ 3・4群…濃淡(のうたん) やさい。

(色の濃い緑黄色野菜)(その他の野菜・果物)

技家

✨ ゴロ合わせ 5・6群…コクあるいも，

(穀類) (いも類)

油であげよう。
(油脂)

☪ 1・2群はおもに体の組織をつくります。
　魚・肉・卵・豆・豆製品などのたんぱく質を多く含むのが1群で、牛乳・乳製品・海そう・小魚など、無機質（カルシウム）を多く含むのが2群です。

☾ 3・4群はおもに体の調子を整えます。どちらも植物性で、3群はにんじん、ほうれんそうなどの色が濃い野菜（緑黄色野菜）で、ビタミンA（カロテン）を多く含みます。
　4群はそのほかの野菜や果物でビタミンCを多く含みます。

☪ 5群・6群はおもにエネルギーになります。
　5群は炭水化物で、穀類（米飯・小麦粉）、いも類、砂糖などです。6群は脂質で、油脂（バター・マヨネーズ）などがあります。

💤 寝る前にもう一度
☪ 1・2群…う に た ま, 入 荷。
☾ 3・4群…濃淡 やさい。
☪ 5・6群…コクあるいも, 油であげよう。

★今夜おぼえること

✿生鮮食品は旬がお得。

旬（出盛り期）は
味がよく，栄養が
あって安いよ。

❂原材料・内容量・消費期限・賞味期限をチェック。

そのほか，保存方
法，製造・販売業者
もチェックしよう。

技家

163

❀ 生鮮食品(せいせん)には，生産量が多い時期（旬(しゅん)）が
あります。野菜や果物，鮮魚などは，旬に味が
よく，栄養価が高く，価格も安くなります。

☽ 加工食品では，原材料・内容量・消費
期限・賞味期限をしっかりチェックしましょう。
保存方法も，冷蔵なのか常温なのかは重要です。

名　称	即席カップめん
原材料名	めん（小麦粉，食塩，やまいも粉，植物油脂，でん粉），スープ（しょう油，糖類，食塩），調味料（アミノ酸等），酒精，炭酸カルシウム，増粘剤（アラビアガム），カラメル色素，リン酸塩（PO₄³⁻），ビタミンB₁，ビタミンB₂，香料
内容量	110g（めん80g）
賞味期限	右下部に表示
保存方法	においが強いもののそばや直射日光をさけ，常温で保存して下さい
製造者	株式会社○○研究社　〒000-0000　東京都品川区○○1-2-3

栄養成分表 1食（110g）あたり	
エネルギー	335kcal
たんぱく質	12.0g
脂　質	2.1g
炭水化物	67.5g
ナトリウム	2.3g
ビタミンB₁	0.37mg
ビタミンB₂	0.32mg
カルシウム	145mg

▲表示の例

・消費期限…安全が保証されている期限。早く傷みやすいもの
につけられる。

・賞味期限…おいしさが保証されている期限。比較的(ひかくてき)長く保存
ができるものにつけられる。

💤 寝る前にもう一度

❀ 生鮮食品は旬がお得。

☽ 原材料・内容量・消費期限・賞味期限をチェック。

★今夜おぼえること

✿準備する重量 (g)

$$= \frac{可食部分 (g)}{100-廃棄率} \times 100$$

廃棄率(はいきりつ)… 食品全体の重量に対する食べられない部分の割合 (%)。

卵のからなどは
食べられないね。

技
家

☽肉は強火、魚は煮付(につ)けか塩焼き、野菜は生か蒸(む)すかゆでて。

★今夜のおさらい

❂ 準備する重量は 廃棄率 から計算します。

$$準備する重量 (g) = \frac{可食部分 (g)}{100 - 廃棄率} \times 100$$

例 廃棄率10%のなすで，可食部分を200g用意する場合は，
200÷(100 - 10) × 100 ≒ 222.2…より，なすを約220g
用意します。
＊廃棄率は食品の成分表で食品別に示されています。

🌙 肉は加熱すると縮んでかたくなります。初め
強火 で焼いて表面を固め，うまみを閉じ込めて
調理します。

赤身魚 は脂質が多く味は濃厚ですが，白身
魚 は脂質が少なく，味は淡白です。塩をふると
余分な水分とくさみが取れます。魚は煮付けや
塩焼き が合います。

野菜は 生 のままサラダなどで食べると，ビタミ
ンC の損失が少なくてすみます。蒸すと加熱むら
が少なく，煮崩れもしにくいです。ゆでるとあくが
抜けます。

💤寝る前にもう一度
❂準備する重量 (g) = 可食部分 (g)／100 - 廃棄率 × 100
🌙肉は強火，魚は煮付けか塩焼き，野菜は生か蒸すかゆでて。

166

★今夜おぼえること

✿おせち料理などの行事食，
郷土料理は食文化。
きょう ど りょう り

行事食

おせち料理（正月）

ちらしずし（ひなまつり）

郷土料理

きりたんぽ（秋田県）
あきた

ゴーヤちゃんぷるー（沖縄県）
おきなわ

技
家

☽地産地消は環境にやさしい。
ち さん ち しょう　　かんきょう

フード・マイレージ【輸送量（t）×輸送距離（km）】とは，
食料輸送による環境への負荷のこと。地産地消であれ
ばフード・マイレージは小さくなるよ。

167

✿ 行事食 とは，人生の節目や，毎年の行事の
ときに食べられる特別な食事のことをいいます。
正月のおせち料理，ひなまつりのちらしずしなどが
あげられます。また，各地域特産の食材や調理
法でつくられる料理を 郷土料理 といいます。きり
たんぽ（秋田県），深川丼（東京都），ゴーヤちゃ
んぷるー（沖縄県）などは郷土料理です。

　このように，人びとの間で共通に受け継がれて
きた食物や食べ方を 食文化 といいます。

　各地の雑煮も地域の特色があ
るものが多くなっています。

☾地域で作られた食材をその地域で食べること
を 地産地消 といいます。これにより，食料を遠
くから輸送しなくてもよくなり，エネルギーの消費
も少なくなります。つまりフード・マイレージが小
さくなり，環境にもやさしいことになります。

╌╌ ⓏⓏ 寝る前にもう一度 ╌╌╌╌╌╌╌╌╌╌╌╌╌╌╌
✿おせち料理などの行事食，郷土料理は食文化。
☾地産地消は環境にやさしい。

★今夜おぼえること

✾ T.P.O. に合ったものを自分ら

しくコーディネート。

> T.P.O. とは,
> T…Time（時）
> P…Place（場所）
> O…Occasion（場合）
> のことだよ。

🌙 取り扱い表示で, ✕はできな

い表示。

技家

❀衣服は，衛生的で安全に生活するために役立ちます。たとえば，暑さや寒さを防ぎ，皮ふを清潔に保ちます。活動しやすくしてけがを防ぎます。また，職業などを表すはたらきもします。警察官や消防士など，制服によって見分けがつきやすいと社会生活を円滑にすることができます。さらに，個性を表現するときにはT.P.O.に合ったものを，バランスよくコーディネートします。日本には伝統的な衣服に和服があります。

🌙取り扱い表示の例

※1			
40℃以下の液温で洗濯機の弱水流	40℃以下の液温で手洗いできる	家庭での洗濯禁止	漂白剤の使用禁止
		※2	
日陰のつり干しがよい	タンブル乾燥（乾燥機）禁止	アイロンは150℃以下（中温）	石油系溶剤によるドライクリーニングができる

※1 線（―）は増えると作用が弱いことを表す
※2 点（・）は増えると温度が高いことを表す

💤寝る前にもう一度

❀T.P.O.に合ったものを自分らしくコーディネート。
🌙取り扱い表示で，✕はできない表示。

★今夜おぼえること

❀動物繊維は中性洗剤、そのほかは弱アルカリ性洗剤。

毛（羊毛）

綿

弱アルカリ性洗剤

技家

☽ゴロ合わせ 天使の洗濯、水にすすぎ出そう。

（点検）（仕分け）（洗い）　（すすぎ）

（脱水）（乾燥）

171

❀ 毛や絹などの動物繊維は、アルカリに弱いので、中性洗剤を使います。綿などの植物繊維や合成繊維は、汚れをよく落とす弱アルカリ性洗剤を使います。

繊維の種類			特徴	適する洗剤
天然繊維	植物繊維	綿	水をよく吸う。じょうぶ。	弱アルカリ性
	動物繊維	毛	しわになりにくい。虫の害を受けやすい。	中性
		絹	光沢がある。虫の害を受けやすい。	中性
化学繊維	合成繊維	ポリエステル	縮まない。乾きがはやい。しわになりにくい。じょうぶ。	弱アルカリ性
		ナイロン		弱アルカリ性
		アクリル		弱アルカリ性

◗ 洗濯の手順

① 点検・補修 → ② 仕分け（つけおき、部分洗いなど）→ ③ 洗い（洗剤の選択、水量の確認）→ ④ すすぎ → ⑤ 脱水 → ⑥ 乾燥 → ⑦ 必要ならばアイロンをかける。

･･･ 😴 寝る前にもう一度 ･････････････
❀ 動物繊維は中性洗剤、そのほかは弱アルカリ性洗剤。
◗ 天使の洗濯、水にすすぎ出そう。

★ 今夜おぼえること

✪住まいの空間→家族共有, 個人, 家事, 生理・衛生など。

家族共有の空間

家事作業の空間

個人生活の空間

生理・衛生の空間

技家

☾室内の空気汚染(おせん)はこまめな換気(かんき)で防ぐ。

ほこりがたまってダニやカビが発生したり, 二酸化炭素などがこもったりするので, こまめに換気しよう。

★今夜のおさらい

☘住空間

① 家族 共有の空間…食事, 団らん, 休養。
② 家事 作業の空間…調理, 洗濯, 裁縫。
③ 生理・衛生 の空間…入浴, トイレ, 洗面。
④ 個人 生活の空間…仕事, 勉強, 睡眠, 休養。
⑤ そのほかの空間… 玄関, 廊下, 収納。

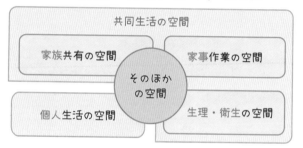

🌙 室内のカビやダニは, アレルギーやぜん息の原因となります。建材や家具などからの化学物質によるシックハウス症候群などを防ぐためにも 換気 が重要です。

····😴寝る前にもう一度····
☘住まいの空間→家族共有, 個人, 家事, 生理・衛生など。
🌙室内の空気汚染はこまめな換気で防ぐ。

★ 今夜おぼえること

✿ 幼児の身長は1.5倍→ 2 倍，

（生まれたときの）
（4歳で）

体重は 3 倍→ 5 倍。

（1歳で）　（4歳で）

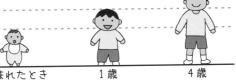

約2倍 - - - - - - - - - -
約1.5倍 - - - - - - - - - -

生まれたとき　　1歳　　　4歳

☽ 2 歳すぎに自我が芽生えて

反抗期，3 歳でことばが発達。

2歳ごろ ➡ 3歳ごろ

ありがとう！

✿幼児の体型は，身長に対して頭が大きく，手足が短いです。また，**体温**は高く，汗をかきやすく，睡眠時間は長いです。

　幼児は成長すると，1歳で身長は生まれたときの約 1.5倍 ，体重は約 3倍 になります。4歳になると，身長は約 2倍 ，体重は約 5倍 になります。

☾幼児は2歳すぎに**自我**が芽生えて，自己を主張する 反抗期 になります。

1歳ごろ	親がいないことに気づくと泣き，見つけると笑う。
2歳ごろ	自我が芽生えるが，ことばの発達が不十分で，ものの取り合いが起こる。
3歳ごろ	数人で遊び，ことばで気持ちを伝えられるようになる。
4歳ごろ	友だちを思いやり，合わせた行動ができるようになる。
5歳ごろ	友だちと役割をもって遊べる。年下の子や困っている子の世話をするようになる。

※成長には個性や個人差があります。

・・・💤寝る前にもう一度・・・
- ✿幼児の身長は1.5倍→2倍，体重は3倍→5倍。
- ☾2歳すぎに自我が芽生えて反抗期，3歳でことばが発達。

★今夜おぼえること

✿商品は, 必要性・品質・価格・保証などを考えて選ぶ。

技家

☾消費者基本法, クーリング・オフ, 国民生活センター。

どれも, 消費者を保護するためのものだよ。

クーリング・オフ

❁商品は 必要性 などをよく考えて選びます。
次のような**悪質商法**には注意しましょう。

悪質な訪問販売	家庭や職場を訪問して，商品を無理矢理契約させる。
キャッチセールス	街頭アンケートなどで呼び止め，喫茶店や営業所などへ連れて行き，断れない雰囲気をつくって商品を購入させる。
アポイントメントセールス	電話などで「抽選に当たった」などといって営業所などへ呼び出し，断れない雰囲気をつくって商品を購入させる。
マルチ商法	「ほかの人を勧誘するともうかる」といって，商品を購入させて会員にし，友人・知人を紹介させる。

◗消費者の保護

① 法律… 消費者基本法 ，消費者契約法，
製造物責任法（PL法）

② クーリング・オフ 制度…訪問販売やキャッチ
セールスなどが対象。一定期間内に書面で通
知すれば，契約を解除することを認める制度。

③ 国民生活センター・消費生活センター…消費
者からの相談の受付や，情報提供などを行う。

···(Zz) 寝る前にもう一度···
❁商品は，必要性・品質・価格・保証などを考えて選ぶ。
◗消費者基本法，クーリング・オフ，国民生活センター。

編集協力：上保匡代, 佐藤美穂, 鈴木瑞穂, 山内ススム, 編集工房白鷺, 株式会社ダブルウイング

表紙・本文デザイン：山本光徳
本文イラスト：山本光徳, 平井きわ, 寺坂安里, 伊藤ハムスター, 有限会社ケイデザイン,
　　　　大菅雅晴, 吉田朋子
写真提供：写真そばに記載
DTP：株式会社明昌堂　データ管理コード：23-2031-3019（CC19）
図版：株式会社明昌堂
日本音楽著作権協会（出）許諾第2103092-307号
※赤フィルターの材質は「PET」です。
◆この本は下記のように環境に配慮して製作しました。
・製版フィルムを使用しないCTP方式で印刷しました。
・環境に配慮して作られた紙を使用しています。

寝る前5分 暗記ブック 中学実技 改訂版